Revolución de la libertad

Revolución de la libertad

Juan Miguel Zunzunegui

Grijalbo

El papel utilizado para la impresión de este libro ha sido fabricado a partir de madera procedente de bosques y plantaciones gestionadas con los más altos estándares ambientales, garantizando una explotación de los recursos sostenible con el medio ambiente y beneficiosa para las personas.

Revolución de la libertad

Primera edición: enero, 2025

D. R. © 2025, Juan Miguel Zunzunegui

D. R. © 2025, derechos de edición mundiales en lengua castellana:
Penguin Random House Grupo Editorial, S. A. de C. V.
Blvd. Miguel de Cervantes Saavedra núm. 301, 1er piso,
colonia Granada, alcaldía Miguel Hidalgo, C. P. 11520,
Ciudad de México

penguinlibros.com

Penguin Random House Grupo Editorial apoya la protección del *copyright*. El *copyright* estimula la creatividad, defiende la diversidad en el ámbito de las ideas y el conocimiento, promueve la libre expresión y favorece una cultura viva. Gracias por comprar una edición autorizada de este libro y por respetar las leyes del Derecho de Autor y *copyright*. Al hacerlo está respaldando a los autores y permitiendo que PRHGE continúe publicando libros para todos los lectores.

Queda prohibido bajo las sanciones establecidas por las leyes escanear, reproducir total o parcialmente esta obra por cualquier medio o procedimiento, incluyendo utilizarla para efectos de entrenar inteligencia artificial generativa o de otro tipo, así como la distribución de ejemplares *mediante alquiler o préstamo público sin previa autorización*. Si necesita fotocopiar o escanear algún fragmento de esta obra diríjase a CeMPro (Centro Mexicano de Protección y *Fomento* de los Derechos de Autor, https://cempro.org.mx).

ISBN: 978-607-385-332-3

Impreso en México – *Printed in Mexico*

Dedicado con devoción a mi hermosa Quetzalli.
Con devoción porque me hizo descubrir el misterio divino
Mi camino sagrado. Mi viaje del héroe
El llamado a la batalla. El sendero al interior de mí mismo.

A Quetzalli porque me mostró el camino de la libertad
Siendo como era, un esclavo con delirios de hombre libre
A mi Pluma Preciosa porque trajo descenso al inframundo y trajo paz
Porque fue el hilo de Ariadna a la salida de mi propio laberinto.
Porque ha sido siempre amor y luz, puerto y cobijo.

A Quetzalli porque es mi mayor revolución,
Una inspiración de amor y plenitud
Mi ángel bajado del cielo para regalarme verdadera libertad
Porque un día levanté al cielo la mirada y vi la luz
Mi respuesta sagrada, la mayor prueba de que existe Dios.

La libertad es la mayor fuerza del espíritu humano.
Es un impulso tan fuerte como el deseo de algunos por destruirla.
La libertad ha tenido que luchar eternamente contra la tiranía… y ha vencido.
Porque la libertad es lo único que da sentido a la existencia.
Porque sin libertad no puedes definir quién eres.
Sin libertad no existes como un individuo humano, único e irrepetible.
Sin libertad no eres nadie.
Todos dicen quererla. Todos hablan de ella y es bandera de todas las causas, pero casi todos le temen.
No es fácil ser libre. Es un compromiso. Es una revolución.

ÍNDICE

1. Construir la libertad 13
2. Conquista y esclavitud 45
3. Libertad y tiranía 73
4. El fantasma de la igualdad 97
5. Traición y revolución .123
6. La tiranía de Papá Gobierno 147
7. El país de un solo hombre 177
8. Educación y esclavitud 203
9. Libertinaje mexicano .223
10. El futuro de la libertad 239

1

CONSTRUIR LA LIBERTAD

La felicidad está en la libertad, y la libertad está en el coraje.

TUCÍDIDES

Caída del muro de Berlín, 9 de noviembre de 1989

Chris Gueffroy ejerció su libertad siendo camarero. Optó por ella antes que por el sometimiento. Nació el 21 de junio de 1968 en el sector comunista de Berlín. Para entonces el muro llevaba ya siete años dividiendo la ciudad. Gueffroy creció encerrado, pero con ansias de libertad. Desde niño siempre soñó con ir más allá de la cortina de hierro.

Era un atleta sobresaliente en pista y campo, gimnasia y esquí; tenía todo para hacer carrera en el deporte y triunfar, uno de los pocos caminos para una vida someramente digna bajo la dictadura comunista. Pero tenía que presentarse ante los líderes para jurarles fidelidad a ellos y al sistema. No lo hizo. También era un requisito para poder cumplir su otro sueño: ser piloto de avión. Eran sus sueños a cambio de la abyección.

Cambió las pistas de carreras y el anhelo de los cielos por mesas de bar. No era necesario humillarse para cumplir dignamente con ese trabajo. Podía renunciar incluso a sus sueños, pero nunca a sí mismo.

Desde ese momento sólo pensó en escapar; de Berlín, de Alemania Oriental y del bloque comunista de Europa del Este. Ir a donde realizar los sueños no estuviera prohibido o sujeto a la esclavitud mental.

Por su trabajo conocía a funcionarios que sí podían viajar al mundo libre y escuchaba sus historias; logró robar señales de la radio del Berlín occidental para escuchar programas políticos y conseguía revistas. Seguía con atención las noticias de aquellos que arriesgaron su vida y lograron escapar. Dos familias completas habían volado en globo aerostático de la tiranía a la libertad. Había llegado el momento.

Era febrero de 1989 y Chris no podía esperar más. Estaba por ser llamado a las filas del ejército de la Alemania comunista. Ésa sería la máxima derrota: ser obligado a luchar por el régimen opresor que le robaba a diario sus sueños. Era tiempo de intentarlo. La libertad es para los valientes. Era momento de cruzar.

El 6 de febrero de 1989, a pocos meses de cumplir 21 años, en el muro de Berlín fue asesinado a balazos por la policía comunista. Chris Gueffroy fue la última víctima. No supo leer los tiempos geopolíticos, no comprendió la debacle soviética, o simplemente el fuego le quemaba el corazón.

Seis meses después de su muerte, el muro cayó a causa del peso de la realidad. El 9 de noviembre de 1989 los berlineses bailaron en la cima del muro que los dividió por veintiocho años.

¡Libertad! El rumor se esparcía con timidez por las calles del Berlín comunista, esa media ciudad rodeada por un muro ideológico que separó familias y seres amados por tres décadas. Libertad. Nuestro anhelo más profundo. El combustible de los sueños.

Caía la noche sobre el Berlín comunista y el rumor se fue convirtiendo en grito de esperanza. ¿Sería verdad? ¿Libertad después de cuarenta años de dictadura socialista? Nadie comprendía por qué, pero por primera vez en veintiocho años se podía pasar libremente a Berlín occidental..., y de ahí a donde la libertad los llevara. Comenzó la huida masiva.

Caía el muro de Berlín. Decenas de miles se encaminaron a la Puerta de Brandemburgo. La confusión se hizo fiesta, y los berlineses comenzaron a llegar con lo que podían llevar en las manos para pasar al otro lado y escapar.

Pero los soldados que custodiaban el muro no tenían noticias, y la orden de siempre, la orden de los últimos veintiocho años, era disparar a matar a quien se atreviera a cruzarlo. No llegó una persona. Eran muchas..., diez, veinte, cincuenta..., disparar era impensable... Cientos... Miles.

La multitud comenzó a trepar por el muro y salir huyendo. No hubo disparos. Más personas subían por la terrible pared. Los soldados estaban confundidos. Toda esa gente era el pueblo berlinés, eran sus hermanos alemanes..., y la realidad es que esos soldados también querían huir.

La noche fue de celebración. Las personas se reunieron en ambos lados del muro, y los del Berlín libre ayudaban a pasar a los del lado comunista. Las tabernas comenzaron a regalar cerveza, algunos músicos se les unieron. Los desconocidos se abrazaban y lloraban. Todo era fiesta y algarabía.

Pero también todo era rabia y furia. Cientos y después miles de hombres se acercaron al muro con mazos y herramientas de destrucción en las manos. El pueblo oprimido comenzó a derribar ese muro que les arrebataba su libertad y, con ella, su dignidad humana.

La rabia contra el muro era un símbolo de la rabia contra el régimen comunista; ése que liberaba al trabajador oprimido por el sistema; ése que estaba dirigido por hombres íntegros que luchaban por la emancipación de la clase obrera, por la equidad y la justicia, la igualdad y la hermandad... que resultó ser el sistema más opresor de la historia.

Cayó el muro de Berlín. Muchos celebraban, se abrazaban y bebían. Ésos aparecen en todas las fotos del momento. Mientras que otros arremetían contra el muro con picos y mazos para derribarlo. Las imágenes de esos rostros furiosos e indignados también dieron la vuelta al mundo.

Pero la inmensa mayoría de los protagonistas de esa noche no salieron en las noticias. No hay imágenes de ellos. Son las decenas de miles de personas que no se esperaron a ver qué estaba pasando y qué más iba a pasar. Los miles y miles que tomaron en sus manos lo que pudieron y salieron huyendo sin preguntar más. No les importaba estar viviendo un acontecimiento histórico, no lo sabían..., su único objetivo era escapar...

¿De qué están huyendo estas personas? ¿De qué huyen las personas en todos los regímenes comunistas de la historia? El comunismo destruye lo más profundo del alma humana porque siempre ha atentado contra la libertad. Sólo pulverizando nuestra libertad es posible hacernos a todos iguales. Pero no somos iguales, somos maravillosa y complementariamente diferentes. Ha faltado, desde luego, darles valor a las distintas manifestaciones de la libertad; pero eso jamás se logrará bajo un régimen comunista. El comunismo cosifica y uniformiza, destruye la individualidad.

El único objetivo de la existencia de cada individuo humano es alcanzar su plenitud, misma que no se puede obtener sin la libertad individual que necesitamos para desarrollar al máximo nuestros talentos y potencialidades, y ser plenos y felices. Dado que el individuo no puede prosperar más que en relación con los demás, el progreso del colectivo es fundamental. El colectivo siempre funcionará mejor si los individuos que lo componen son plenos y prósperos. Nada de eso ocurre sin libertad.

La sociedad no funciona sin libertad y eso es lo primero que el comunismo arrebata; ésa es la esencia por la que nunca ha funcionado y nunca lo hará.

Dado que el progreso del colectivo es fundamental, resulta indispensable que todos y cada uno de sus integrantes colaboren con trabajo y talento, desarrollen una actividad constructiva y sepan dotarse a sí mismos de valor en beneficio del resto de la comunidad. Ésa es la base de la prosperidad económica.

En cualesquiera de sus variantes, nombres y máscaras, el comunismo siempre ha estado pensado y dirigido por personas con trastornos de megalomanía narcisista. Nunca ha gobernado un estadista sensato, sereno, que administre sustentado en datos científicos. No, siempre ha sido el líder ungido por algún poder superior para salvar a la humanidad o al pueblo. Siempre se han creído mejores que tú, que la sociedad, que todos los pensadores del pasado, que la humanidad, la libertad y Dios. Son histriónicos, necesitados de atención y han gobernado con ideología y capricho.

Son ellos, con sus maravillosas ideas, los que deben fijar todas las reglas, todos los límites y todos los parámetros. Ellos establecerán, por la fuerza, pero por "tu bien", un régimen impositivo y violento que determinará dónde y cómo vives, qué comes, qué estudias, en qué trabajas y, lo más importante, qué piensas.

Por eso la gente huye del comunismo. Ésa es una verdad histórica que no depende de ideologías o narrativas. Las personas han huido del comunismo desde la primera vez que ese experimento de ingeniería social fue puesto en marcha en 1917.

Siete décadas duró en Europa ese fallido proyecto, hasta que comenzó a derrumbarse la noche del 9 de noviembre de 1989. En la actualidad mucha gente no recuerda lo que fue el muro de Berlín, y muchos menores de 40 años simplemente no supieron que existió.

Un muro que durante veintiocho años convirtió a la mitad comunista de Berlín en una cárcel para los ciudadanos. En Alemania transformaron una ciudad en una prisión; en Cuba, toda una isla. Nada hace más evidente el fracaso del comunismo que la simple y llana realidad: las personas, las que pueden, siempre salen huyendo.

Era la noche del 9 de noviembre de 1989 y la vida en Berlín, a ambos lados del muro, transcurría con normalidad; esa terrible normalidad a la que estaban sometidos desde el 13 de agosto de 1961, cuando al amanecer los ciudadanos se encontraron con una pared que atravesaba la ciudad y rodeaba una parte de ella. El comunismo no sólo les arrebataba toda posibilidad de una vida digna, sino que además prohibía con pena de muerte buscarla en otro sitio.

Ésta es la historia del comunismo real, él único que ha existido más allá de las fantasías. La orden era disparar a matar a todo ciudadano común y corriente que buscara traspasar el muro. Hay que repetirlo con énfasis para que quede muy claro: en el comunismo está prohibido salir del país, está prohibido viajar, sea para trabajar o por el simple deleite de pasear. En el comunismo matan al que no quiere vivir en el paraíso.

Y es que no importa con cuántas fantasías te llenen la cabeza los ideólogos de la izquierda revolucionaria, cada vez que las masas arriesgan la vida por salir de su prisión comunista hacen evidente, ante el mundo, el fracaso de ese sistema y sus verdaderas intenciones, siempre perversas, siempre opresoras, siempre dictatoriales.

La arrogancia y el fanatismo de las narrativas de la izquierda revolucionaria son el sello de la casa. Ellos siempre están bien, han descubierto la verdad, personifican la ética y la moral y, ante todo, proclaman la voluntad siempre sabia del pueblo. Sólo hay una razón para no estar de acuerdo con ellos y es la maldad intrínseca. Son como las religiones y la Inquisición que tanto critican.

Todos son traidores en la narrativa comunista: los rusos, ucranios y polacos que lucharon contra los bolcheviques y huyeron del Imperio ruso; el millón de chinos que se marchó a Taiwán tras el triunfo de Mao; los millones de vietnamitas que salieron de su país por la victoria comunista; los millones de cubanos que por décadas han arriesgado su vida en balsas a merced del océano; los cientos de miles de venezolanos que prefieren comprometer su integridad física en el tapón de Darién que seguir en su país; decenas de miles de nicaragüenses que optan por la tremenda amenaza de atravesar México…, todos son traidores.

Desde que comenzó el experimento, con la revolución soviética de 1917, pasando por la revolución china y la cubana, y demás engendros bolivarianos, el comunismo ha provocado la muerte de unos cien millones de personas, por ejecuciones sumarias, por guerras civiles, por purgas del partido y la sociedad, y por terribles hambrunas, algunas causadas por su incompetencia y otras más de forma deliberada. Eso ha sido siempre el comunismo.

Los comunistas mienten. Saben que su esquema no funciona. No esperan que lo haga, sólo son narrativas para tomar el poder, y para ello usarán toda tu rabia, tu furia y tu frustración.

El principal objetivo de tu existencia es tu felicidad y tu plenitud. Es muy importante que tengas claro que tu felicidad no le importa a nadie más que a ti. No le interesa a ningún político, a ningún líder, a ningún movimiento y a ningún ideólogo. Sólo a ti.

La versión más filosófica del liberalismo nos dice que anhelamos y buscamos la libertad, ante todo, para ser felices.

Eso dijo el general ateniense Tucídides, quien derrotó a Esparta en las guerras del Peloponeso: la felicidad está en la libertad, pero esta última pertenece sólo a los valientes, a los que tienen el coraje de luchar por conquistarla y de saber qué hacer con ella.

La gente huye del comunismo porque es valiente y anhela ser libre. Aspira a vivir bien y, por encima de todo, a hacer de sí misma su propio proyecto de vida, con elecciones personales, compromiso con la vocación, desarrollo de los talentos. Plenitud significa ser tu mejor versión, para eso necesitas libertad.

Hoy es más importante que nunca recordar cómo ha sido la construcción de la libertad, así como los disfraces que han tomado, y toman, aquellos que buscan arrebatártela. Se han llamado comunistas, fascistas, progresistas; le cambian las letras a las palabras, buscan destruir el pensamiento binario que es la base de la inteligencia humana; alientan el conflicto entre ricos y pobres, jóvenes y ancianos, hombres y mujeres, homos y heteros, trans y cis, y ahora buscan confundir a los niños con respecto a su sexualidad. Siempre han tenido un discurso colectivista que desprecia al individuo.

Parecería que el comunismo cayó con la Unión Soviética y el muro, pero la izquierda internacional revolucionaria sobrevive con otros nombres y máscaras, ya sea en el Foro de São Paulo o en forma de populismos, progresismos y transformaciones.

Ante el miedo a la libertad, la gran palabra de nuestro tiempo es *igualdad*; otro concepto abstracto que se emplea para matar y morir, o para seguir causas y enarbolar banderas. Tener un lance y ser un Quijote. Pero los líderes de los movimientos igualitarios siempre son un poco menos iguales que sus seguidores; y con la deformación deliberada de la idea de igualdad pretenden arrebatarte tu individualidad.

Mucha mentira gira en torno a la libertad y la igualdad. Hay mucho que reflexionar porque hay un futuro por construir.

Veintiún balazos en el muro, agosto de 1962

Peter Fechter fue la primera víctima del muro que partió en dos a Berlín, y simbólicamente al mundo. Tuvo mala suerte, le tocó estar del lado comunista de una pared ideológica que lo condenaba para siempre. Era el 17 de agosto, el muro llevaba un año separando la ciudad, y Peter decidió que era el momento de intentar ser libre.

Su último aliento fue una exhalación de libertad, lo último que vieron sus ojos fue un Berlín libre más allá del muro. Tenía 18 años de edad. No era traidor, espía o contrarrevolucionario, sólo un joven con sueños. Durante una hora fue libre, el tiempo en que la sangre y la vida tardaron en abandonar su cuerpo, abatido a tiros por la guardia fronteriza de la Alemania comunista. Falleció con la dignidad del hombre libre que se resiste a la tiranía hasta las últimas consecuencias. Murió libre y sin ideologías. No fue el primero ni el último.

La historia comenzó un año atrás, el 13 de agosto de 1961, cuando los berlineses se despertaron para descubrir que una muralla atravesaba la ciudad, la partía en dos y rodeaba por completo el sector occidental de Berlín, el proclamado como libre por los comunistas. Muchos habían tratado de huir desde entonces y muchos más lo harían después. Miles lo lograron, cientos murieron en el intento.

El muro cercaba por completo al Berlín libre, pero la prisión en realidad era para los del lado oriental, el comunista. Estaba prohibido salir del paraíso, y en Berlín occidental había aeropuertos que conectaban con la Europa democrática. El muro era para evitar que los proletarios comunistas huyeran.

Cinco millones de personas ya habían escapado por Berlín occidental desde 1949, cuando se dividió formalmente Alemania, hasta 1961. Cinco millones en doce años. Fue una tremenda fuga de fuerza laboral y bélica, pero, ante todo, el rostro palpable del fracaso comunista.

A partir del 13 de agosto de 1961 no se podía pasar de un lado al otro de la ciudad. No importaba si eso separaba amigos o destruía familias. La orden para los soldados alemanes y soviéticos que vigilaban la mitad comunista de Berlín era disparar a matar.

¿De qué huía tan desesperadamente ese joven, dispuesto a arriesgar la vida? Fechter era un joven obrero de Berlín oriental. Trabajaba en la construcción, en el muro; sabía que cada año éste sería más grande, mortífero e impenetrable. Era momento de escapar y lo intentó junto con un compañero de trabajo.

¿De qué están huyendo? Desde los tiempos del muro de Berlín hasta la América bolivariana de hoy, es fundamental preguntarnos eso. ¿De qué están escapando todos esos seres humanos? La respuesta a esa pregunta evidencia que es, y siempre ha sido, con todos sus nombres y disfraces, el comunismo. Parece atractivo. Al final las personas salen huyendo… cuando pueden.

La referencia a los disfraces es particularmente importante porque hoy, a pesar de que el comunismo parece una palabra propia del siglo pasado, una ideología colectivista que ha sido derrotada por la libertad, son precisamente los enemigos de la libertad quienes amenazan con volver, aunque cambien de nombre.

Con la caída del muro de Berlín y de la Unión Soviética, se desplomó el comunismo instaurado por Lenin en 1917. Ése que fue continuado por un monstruo del tamaño de Stalin y del que surgieron asesinos de multitudes, como Mao, Pol Pot o Fidel Castro.

Es fundamental hoy en día recordar esos nombres y sus atrocidades, porque sus hijos amenazan con volver enarbolando la bandera del progresismo. En vista de su fracaso en el siglo pasado, los comunistas ya no se atreven a llamarse por su nombre. Así que es importante no caer en ese engaño.

La orden a los francotiradores era clara contra los fugitivos: disparar a matar. Hablamos de un régimen dispuesto a asesinar a sus propios ciudadanos por el crimen de ejercer su libertad al buscar una mejor vida en otro lado. El derecho originario de todo individuo humano. Ésa ha sido la historia del comunismo desde 1917 hasta nuestros días. Gente intentando huir, y regímenes omnipotentes impidiéndolo.

Los dos jóvenes trabajadores habían logrado atravesar la zona fronteriza tras burlar los controles militares y llegar hasta el muro. Detrás de la pared estaba Berlín occidental y el llamado mundo libre. Unos metros, unos segundos..., eso era todo lo que los separaba de la quimera...

Veintiún balas terminaron violentamente con el sueño. Peter se desplomó con heridas en el vientre y la espalda en el lado occidental de Berlín. Era libre. Eso fue lo último que supo. Peter murió en la frontera de la libertad, su cadáver fue trasladado al lado oriental por la policía comunista.

Mientras existió el muro, hubo alrededor de cinco mil fugas y unas doscientos cincuenta personas murieron por disparos al intentar cruzarlo. ¿De qué cosa huía tanta gente?

Es vital recordar que bajo el comunismo estaba prohibido viajar fuera del país sin importar de qué país hablemos. Eso sí ha cambiado con el comunismo de hoy; de Venezuela sí puedes salir si eres lo suficientemente rico como para pagar el boleto de algún transporte..., si hay gasolina..., o transportes..., y si el capricho del líder te concede un pasaporte.

Desde el nacimiento de la Alemania comunista en 1949 hasta la construcción del muro en 1961, millones de personas de la Europa Oriental comunista escaparon por ahí. Por eso las autoridades soviéticas tomaron una decisión tajante. La noche del 12 de agosto de 1961 los berlineses se fueron a dormir como cualquier otro día, pero esa noche, el ejército de Alemania Oriental y las tropas de ocupación soviéticas extendieron una alambrada a lo largo de toda la ciudad para dejarla oficialmente dividida en dos.

¿De qué huyeron esas personas? Algo funciona muy mal en su régimen en el que millones arriesgan hasta la vida con tal de salir.

A partir del 13 de agosto de 1961 se produjo una carrera macabra entre los que huían y las tropas fronterizas que intentaban que los controles fueran cada vez más mortíferos. Con el tiempo hubo todo tipo de escapes: túneles, cables de tirolesa y hasta globos aerostáticos. ¿De qué intentaba escapar toda esa gente?

¿O son traidores, como han sostenido las dictaduras comunistas desde entonces hasta hoy? Porque huyeron de Berlín y de la Unión Soviética, como huyen hoy de Venezuela, Cuba y Nicaragua. Millones y millones de traidores. ¿Su traición? No simpatizar con la causa de quienes los quieren tan sólo como engranes de su maquinaria ideológica.

Al terminar su construcción, el muro se extendía por 45 kilómetros que dividían la ciudad de Berlín en dos, y 115 kilómetros más que rodeaban la mitad oriental de la ciudad. Siempre se les dijo que era un muro de protección antifascista, una defensa contra las personas del otro lado...

Pero nunca en la historia del comunismo hubo proletarios tratando de escapar hacia el paraíso organizado por los comunistas. Ningún surcoreano busca afanosamente entrar a Corea del Norte. Ningún trabajador oprimido busca llegar a Cuba, a Venezuela o a Nicaragua. Ni el trabajador oprimido, ni el político que apoya esos regímenes, ni el ideólogo que convence a las multitudes. Nadie quiere ir al paraíso socialista. ¿De qué están huyendo?

En 1917 los comunistas de Lenin tomaron el poder en Rusia y crearon la Unión Soviética, el primer país marxista de la historia; y el único hasta la Segunda Guerra Mundial. Pero uno de los fundamentos del dogma marxista es que la revolución debe ser internacional para crear una dictadura mundial del proletariado..., curioso que desde la izquierda marxista se señale a cualquier liberal que busque un gobierno mundial, cuando esto es un objetivo declarado del marxismo..., padre de las izquierdas.

La revolución debía ser mundial..., pero no era voluntaria. Tu decisión libre de cómo llevar tu vida no importa si los comunistas llegan al poder. Las tropas comunistas que liberaron a Europa oriental de la opresión nazi sólo la intercambiaron por la opresión soviética. Quién nos liberará de los libertadores.

Entre 1942 y 1945, Stalin "liberó" el territorio..., y entre 1945 y 1949, con una mezcla de consignas ideológicas, grupos paramilitares y tanques blindados, lo convirtió en el llamado bloque comunista: Alemania, Polonia, Checoslovaquia, Hungría, Bulgaria, Rumania..., ninguno de esos países y pueblos optaron por el comunismo. Se les impuso a sangre y fuego como siempre en la historia.

La Unión Soviética apoyó el bando comunista de la guerra civil china, y Mao proclamó la República Popular el 1 de octubre de 1949. Desde ahí y desde la Unión Soviética, Stalin y Mao apoyaron al líder comunista Kim Il Sung, abuelo del actual líder, Kim Jong-un, a tomar el poder en el norte de Corea.

Una característica en común de todos los regímenes comunistas, desde Corea del Norte hasta el Berlín oriental, era la prohibición de salir del país. La posibilidad de viajar simplemente no existía. El régimen decidía dónde vivías y a qué te dedicabas. Nunca ha existido la libertad en el comunismo.

Con suerte, muchos trámites burocráticos, amigos en el partido y dejando de rehén a un pariente, al que mataban si no volvías, podías conseguir el permiso para viajar a otros países comunistas..., viajar más allá era imposible e impensable. Viajaban los artistas y los deportistas, y normalmente no regresaban.

Ésa es la cuestión fundamental en toda la historia del comunismo, desde la Rusia soviética de 1917 hasta la América bolivariana del siglo XXI, la gente común sale huyendo. Pero ¿de qué huyen?

Las cifras de mortalidad nos pueden dar una idea. Lenin tomó el poder en diez días en 1917, pero lo que le siguió a eso fue la cruenta guerra civil rusa de cinco años en la que murieron cinco millones de personas, todo para poder establecer el comunismo, y otros cinco millones más por negarse a entregar su cosecha o sus vehículos, por oponerse a conceder sus tierras al Estado, por las hambrunas derivadas de la pésima administración, o por un tiro en la cabeza por no estar de acuerdo con el líder.

Diez millones más mató Stalin en una serie de purgas, por diferencias ideológicas y paranoias políticas, y diez millones más en otras tantas hambrunas producto de la incompetencia del Estado... y de que el comunismo no funciona. Una vez que sabes que el partido te va a arrebatar a golpe de fusil cualquier extra que produzcas, no tienes una sola motivación para producir excedentes.

Cinco millones murieron en la guerra con la que los comunistas tomaron el poder en China. Después comenzó la matanza de disidentes. Mao invitó a los que pensaban diferente a expresarse para construir un mejor comunismo..., y una vez identificados los mató a todos. Mentira y traición siempre han sido parte del comunismo, ya que cada líder asume que él y su causa son el parámetro de la ética y la moral.

Millones más murieron en las consabidas hambrunas, y por lo menos treinta millones de personas fueron asesinadas por el régimen comunista en la llamada Revolución Cultural de la década de 1960. Treinta millones asesinados por no estar de acuerdo con el líder.

Dos millones de muertos para establecer el comunismo en Corea del Norte, y un buen día en Camboya, el líder comunista Pol Pot decidió que lo correcto era abandonar el estilo de vida burgués de las ciudades, y que todos debían volver al campo. No fue pregunta. No fue sugerencia. El ejército obligó a la población a abandonar las ciudades y a vivir en comunas agrícolas. Cuatro millones de habitantes había en Camboya, dos millones fueron asesinados. Mató a la mitad de su población por no someterse a una idea ridícula.

Eso es el comunismo. Como la revolución debe ser mundial, de la Unión Soviética se exportó a Cuba, donde el líder rebelde Fidel Castro no dejaba de denunciar a Fulgencio Batista como dictador por llevar diez años en el poder. Fidel lo tomó en 1959 y lo dejó con su muerte en 2016.

La miseria de la Cuba de hoy no es culpa del imperialismo, el capitalismo, el neoliberalismo o el bloqueo. Es culpa del comunismo. Pero Fidel tomó el poder en 1959, y cincuenta años después de gobernar con omnipotencia, seguía culpando a otros de los males de la isla. Ése es otro común denominador de los comunistas. Todo es culpa de otro, todo es culpa del pasado, todo es causado por los poderes fácticos.

Otra constante de los camaradas es su deseo de perpetuidad. Lenin tomó el poder en 1917 y lo tuvo hasta su muerte en 1924. Fue sustituido por Stalin, que ejerció con facultades más absolutas que las de Enrique VIII de Inglaterra, hasta su muerte en 1953. Leonid Brézhnev fue líder soviético desde 1964 hasta su muerte en 1982.

Mao tomó el poder en 1949 y lo mantuvo hasta su muerte en 1976. Deng Xiaoping fue líder absoluto desde 1979 y en términos prácticos hasta su muerte en 1997. El comandante Chávez llegó al poder en 1999 y se fue con los pies por delante en 2013, después de nombrar sucesor a un Nicolás Maduro que se sostiene con uñas y dientes mientras se escribe esta defensa de la libertad, en 2024.

Kim II Sung fue líder supremo de Corea del Norte desde 1948 hasta su muerte en 1994. Nombró líder supremo a su hijo, Kim Jong Il, quien ejerció hasta su muerte en 2011, no sin antes nombrar a su hijo, Kim Jong-un, quien se mantiene en el cargo, está loco y tiene la llave de un portafolio nuclear.

Cuánta gente huye de Cuba, cuántos balseros dejan la vida en el océano, cuánta muere en su isla, de hambre o de enfermedades curables. Qué oportunidades tiene un cubano de hacer de sí mismo su propio proyecto.

Desde Cuba se exportó la revolución a toda la América Hispana y la gente huye desesperada de Venezuela, y ahora también de Colombia, de Bolivia y de Perú. Se arriesgan a pasar caminando por uno de los lugares más peligrosos del mundo: el tapón del Darién, y después México. Prefieren eso que vivir en el paraíso socialista.

¿De qué huye toda esa gente? Huyen de la miseria, de la opresión, de la indignidad, del conflicto, de la podredumbre. Huyen, ante todo, de la falta de libertad. Necesitamos vivir, en vez de sólo sobrevivir; y el comunismo sólo te ofrece subsistencia.

Necesitamos ser libres para ejercer el derecho a construirnos a nosotros mismos. La gente siempre ha huido del comunismo porque no hay libertad. Y sin libertad se te arrebata toda tu humanidad. Huir del comunismo es una necesidad existencial.

La era de la Revolución, 1789-1989

El 14 de julio de 1789, el pueblo de los barrios obreros de París tomó por asalto la prisión de la Bastilla. En enero de 1793, la cabeza de Luis XVI, rey de Francia, rodó bajo la hoja de la guillotina. El pueblo francés, libre al fin, celebró en la plaza la ejecución del monarca.

¿Libre de qué? ¿Cómo era la vida en Francia antes de su revolución? ¿Los franceses eran esclavos? ¿No eran libres? ¿Cuál es la libertad que se busca? ¿De qué fueron libres los franceses después de decapitar a su rey? Cayó la Corona, se terminó la monarquía absoluta que había existido por siglos…, pero otros poderosos se apropiaron del Estado y ejercieron el poder de la misma forma que los anteriores.

La libertad de la Revolución francesa era la económica. Que los individuos fueran libres en su actuar económico, en sus relaciones comerciales y productivas, en sus intercambios. La libertad de producir y vender lo que uno quiera, dedicarse a lo que más convenga, ganarse la vida donde se quiera y como se prefiera, buscar el beneficio propio. Esa libertad que es siempre la más criticada de todas las libertades.

Libre comercio le llaman. La libertad económica es egoísta, suele señalarse. El único objetivo es ganar dinero para uno mismo. Bueno, sí. Pero tampoco buscas la realización e iluminación de los demás, sino la tuya; y el dinero que se gana para uno mismo puede ser, y es usado, en un sinfín de objetivos benévolos que contribuyan a la alegría de muchas personas.

El objetivo de la libertad económica sí es la generación de riqueza; y es ése, y no otro, el cimiento de todas las demás libertades, y del ideal liberal más profundo y filosófico: la felicidad y la plenitud. No se trata de ser rico, se trata de no depender de nadie. De no tener dueño.

La libertad individual es fundamental para la búsqueda de la felicidad. Como el liberalismo propone la felicidad como un derecho universal, no hay nada más importante que garantizar la libertad de cada uno de los individuos que conforman la sociedad.

La libertad individual sólo puede existir en un entorno de libertades sociales, que sólo existen en un entorno de libertad política, que no existe sin libertad económica, porque, como señaló Martin Luther King, la libertad nunca la entrega voluntariamente el opresor, debe ser demandada… Eso es imposible si el opresor es tu dueño.

La libertad económica es lo único que garantiza la libertad política, sin la cual no habría libertades sociales, sin las que no habría libertad individual, y el Estado te habría arrebatado la única razón de tu existencia: la búsqueda de la felicidad. Es básicamente lo que siempre ha ocurrido en el comunismo.

¿A qué podría referirse la igualdad tan proclamada por los ilustrados que tanto defendían el valor de la individualidad? El maravilloso misterio de que, sin importar cuántos miles de millones de humanos podamos existir, cada uno es, en realidad, un mundo completo, único y distinto; un individuo único e irrepetible, tanto en su mente como en su cuerpo.

¿En qué nivel podríamos ser iguales los seres humanos que somos tan evidentemente distintos? Si todos fuésemos iguales nadie sería realmente necesario, seríamos como engranes en una maquinaria... y siempre hay alguien, un poco menos igual, moviendo esa maquinaria.

Los más pragmáticos lo tenían claro: en lo legal. Socialmente iguales, sin condiciones especiales para nadie por ninguna causa. Sin fueros. Sin nobles. Sin privilegios. Sin cofradías o colectivos con cuotas especiales, como buscan los progresistas de hoy. No debe haber cuota por ser católico ni por haberse mutilado los genitales.

En ese entorno de igualdad social y jurídica, cada individuo libre debe buscar su bienestar y su desarrollo, sus potencias, su vocación, sus caminos..., y su subsistencia. Nuevamente la libertad se ve comprometida. La vida no es fácil. No todo el mundo lo logra. Algunos enfrentan condiciones más difíciles. La vida de otros parece mucho más fácil.

La bandera de la igualdad es seductora. Una igualdad que sólo puede imponerse en contra de toda libertad, pero el discurso comunista es muy tentador. Nunca funciona. Siempre es sugestivo. Siempre hay explicaciones del fracaso y promesas de que esta vez sí funcionará.

No mejoró el pueblo mexicano con la primera revolución social del siglo XX. No el pueblo de hasta abajo, en cuyo nombre se han hecho todas las revoluciones en este país. Ese pueblo sólo cambia de opresor, pero nunca de condiciones. Y cada revolucionario le hace las mismas promesas, mientras cada revolución le deja las mismas frustraciones.

Tampoco cambiaron las condiciones del pueblo ruso, cuando con los comunistas ya en el poder, sufrieron la expropiación de tierras, vehículos y riqueza, y fueron obligados a trabajar jornadas extendidas, sin retribución, para apoyar a la causa.

Y es que no hay revoluciones porque haya malas condiciones sociales, que siempre las hay; hay revoluciones porque hay revolucionarios profesionales, como se definía Lenin a sí mismo; un hombre que sacude las consciencias y les muestra a las masas la causa por la que deben levantarse en armas. La causa siempre termina siendo el revolucionario.

La pobreza nunca es el mal que pretenden remediar, sino la circunstancia que les permitirá llegar al poder, donde no harán nada por remediar las penas del pueblo. Quizás porque no saben cómo y, desde luego, porque no les interesa. Una sola cosa quiere el revolucionario: el poder. Las personas son simples herramientas para lograrlo.

La prueba contundente es la realidad. Ningún líder comunista ha sacado a un pueblo de la pobreza ni ha llevado a su país a la prosperidad. Los soviéticos huían a la menor oportunidad, los alemanes arriesgaban la vida tratando de cruzar el muro de Berlín, los cubanos se lanzan al océano sin importarles nada y los venezolanos prefieren enfrentarse a la muerte en el tapón de Darién que permanecer en Venezuela y morir comunistas.

El comunismo vive de narrativas. Siempre ha vivido de narrativas y nunca de realidad. Siempre hay otro culpable, siempre se mantiene entre la sombra algún enemigo; desde la óptica de Stalin hasta la de los gobernantes comunistas del siglo XXI siempre ha habido complot y sabotaje. Hay poderes fácticos, hay traidores y vendidos, hay imperio e imperialismo. Siempre hay contrarrevolucionarios. Nunca podemos bajar la guardia.

LIBERTAD, IGUALDAD, FRATERNIDAD. ¿Se logró aquello por lo que se luchaba en 1789, y que dio lugar a la Revolución francesa? ¡LIBERTAD! ¡El concepto abstracto por el que han muerto más millones de personas… que nunca encontraron esa libertad! La hermosa idea con la que los líderes mandan a los seguidores a luchar sus batallas.

Pero ¿quién comenzó realmente la Revolución francesa o cualquier otra? ¿Fue el pueblo harto de la opresión monárquica, que clamaba por libertad, como en el mito romántico de toda revolución; o los grupos que aspiraban al poder, y los teóricos e intelectuales que escribían tesis al respecto?

Ésa ha sido la constante de cada revolución en la historia de la humanidad. Los de en medio convencen a los de abajo de enfrentarse contra los de arriba hasta la muerte. La libertad es un buen discurso para lograrlo; los de en medio toman el mando... y los de abajo se quedan igual que siempre. Con más discursos, más promesas y más ideología.

Con más frustración, porque han sido engañados una vez más, pero prestos a secundar al próximo líder que les ofrezca otra mentira. Apoyar a alguien para que tome el poder, sin importar quién sea, no tiene nada que ver con la libertad.

¿Quién comenzó la independencia de México? No fue el pueblo con hambre y ansias de libertad; fue la élite criolla, representada por un sacerdote con fortuna y tres haciendas; y la consumó la aristocracia novohispana de la capital. Lo mismo ocurrió con la Revolución de 1910, iniciada por uno de los hombres más ricos de México, Francisco Madero, y culminada por un Álvaro Obregón que decía descender de la más rancia nobleza de Castilla.

La Revolución rusa no la comenzó el pueblo dolido y hambreado por la Gran Guerra, gritando libertad contra el imperio, sino un intelectual que llevaba más de diez años jugando ajedrez en su casa de Suiza, con vistas al lago, mientras intercambiaba cartas con otros intelectuales, recibía dinero de su madre y elaboraba teorías sobre el poder.

Y, sin embargo, todas las grandes revoluciones sociales de la historia usaron la palabra *libertad*.

La revolución de la que emergió Estados Unidos giró por completo en torno a la idea de libertad, que fue lo mismo que se proclamó en Francia: libertad, igualdad y fraternidad. Libertad, gritaron todos los que hicieron nacer los países hispanoamericanos entre California y la Patagonia. Libertad, gritaba Lenin y se le escurría de los labios a Fidel Castro, como si fuera William Wallace.

No obstante, la libertad brinda absoluta responsabilidad sobre la vida propia, en todos los sentidos. Nos hace, a todos y cada uno como individuos, responsables de nuestra individualidad y de la comunidad en la que la ejercemos. En el Antiguo Régimen sabías qué hacer: todo estaba determinado por la tradición; en el comunismo, sabes qué hacer: obedecer al camarada. De pronto, la libertad comenzó a dar miedo.

Después de que las multitudes se levantan en armas enarbolando la bandera de la libertad, se dan cuenta de que siguen con hambre y en las mismas condiciones; su vida y su jornada de trabajo son las mismas, sus penurias no cambian, su realidad es idéntica... Y descubren que en verdad no quieren algo tan abstracto como la libertad.

Entonces, una oleada de nuevos revolucionarios ondea la bandera de la igualdad: con diferentes y complejas narrativas como pretexto, distribuyen todo desde la cima del Estado. En ese momento se termina la revolución por la libertad.

Conocimiento y riqueza: tu camino a la libertad

¿Qué pasaría si todas tus ideas y todos tus pensamientos, tus creencias y valores, tus ideales, las causas que dan sentido a tu vida no fueran en realidad tuyos?

¿Quién serías TÚ si toda tu visión del mundo estuviera determinada por alguien más?

¿Qué ideas y certezas podrías tener si alguien controlara todo el conocimiento? ¿Tus ideas serían tuyas? ¿Tú serías tú? ¿O serías una fabricación de alguien más? ¿Qué sería de tu preciada individualidad y del maravilloso regalo de la libertad?

¿Dónde reside tu libertad? Si el contenido al que tuvieras acceso estuviera controlado, si las ideas dentro de los libros estuvieran censuradas, si las noticias estuvieran manipuladas, ¿cómo podrías tener acceso al poder que otorga el conocimiento? ¿Cómo podrías ser libre?

El contenido de los libros, de las películas y series, de las redes sociales... ¿qué pasaría si alguien controlara las ideas que recorren esas carreteras de la información? ¿Qué pasaría si una institución, una empresa o una Iglesia tuvieran el poder de imponer la misma visión del mundo en todas las personas?

¿Qué pasaría si ese poder lo tuviera un gobierno?

Tu principal libertad, la que realmente determinará todo en tu vida, está en tu mente. Si tú eres el resultado de tu historia, ¿qué pasaría si alguien más es quien te la cuenta? Si eres tus valores y convicciones, tus certezas y tus dudas, quién eres tú si alguien más inculca eso en tu mente.

Quien controle el contenido de tu mente, tus ideas y tus emociones será siempre tu soberano. Tu amo y señor, te rija la Biblia, el *Manifiesto comunista* o la *Cartilla moral* de don Andrés.

Si esa persona no eres tú, la libertad por la que han luchado decenas de generaciones de la humanidad es sólo una palabra vacía. Si tú no eres el que determina el contenido de tu mente y controla tus emociones, eres un esclavo con sueños de libertad..., dormido. De eso viven demagogos y tiranos: de esclavos durmientes soñando que son libres.

Para ser verdaderamente libre es fundamental tener la capacidad de generar por cuenta propia dos cosas, sin depender de un gobierno: conocimiento y riqueza. Son los fundamentos para construir la libertad, y lo primero que buscan arrebatarte los tiranos: tu capacidad de pensar y de producir. Después de eso, siempre van sobre tu capacidad de soñar.

La revolución de la LIBERTAD comenzó con una revolución en el conocimiento. Gutenberg construyó la imprenta hace más de quinientos años, y simbólicamente comenzó la era de la información. Entonces las ideas de toda la humanidad eran accesibles y podían compartirse, enfrentarse, dialogarse y superarse.

Con la imprenta, llegó también la era de la difusión del saber, y los ciudadanos libres comenzaron a crear CIENCIA. La era del libro se transformó en la de los medios de comunicación y las redes sociales, y el conocimiento quedó al alcance de todos.

La segunda revolución de la liberad fue la capacidad de crear riqueza. Los burgueses instauraron una economía basada en el comercio, la producción de bienes, servicios e ideas, el intercambio, la innovación y la creatividad. La Corona no pudo seguir controlando la riqueza y la Iglesia no pudo seguir dominando el conocimiento. Nacía la era del hombre libre.

Riqueza y conocimiento: las dos cosas que debes ser capaz de generar por tu cuenta para ser verdaderamente independiente y libre. Las dos capacidades que todo tirano busca arrebatarte. Si no dependes del poder para generar conocimiento e ideas, tu mente siempre será libre. Si no dependes del poder para generar riqueza, tus acciones también lo serán.

No hay libertad más importante que la libertad de pensamiento. La primera que se arrebata en todas las tiranías, y la primera que debe garantizar una democracia libre. Es la libertad más importante por la que ha luchado la humanidad, porque es el único camino a tu absoluta plenitud. Y de eso se trata tu existencia. Es la primera que se pierde cuando se tiene dueño.

La mayor revolución humana es el pensamiento. Es precisamente nuestra capacidad de pensar y expresar la que nos hizo y nos hace plenamente humanos. Si en el siglo XXI, un líder te dice qué debes pensar y qué puedes decir, estás definitivamente en el lado incorrecto de la historia, en el lado de la opresión y la tiranía, en una lucha de quinientos años para conquistar la libertad.

Sin importar cuánto se falsifique el pasado en nuestros días y cuánto se busque cambiar el significado a las palabras, el burgués, el habitante de burgo o ciudad, no es otra cosa que el CIUDADANO LIBRE. El creador del mundo de libertades individuales y derechos humanos en el que hoy vivimos.

La revolución de la libertad la comenzó el ciudadano, el burgués. El comerciante trabajador, el generador de una nueva riqueza, el autodidacta, comenzó a pensar por sí mismo y decidió que nadie tenía derecho a decirle qué pensar, qué decir o qué hacer... O en qué y cómo trabajar y generar su riqueza, su vida y su bienestar.

La burguesía revolucionaria del siglo XVIII hizo nacer el mundo moderno de derechos y libertades, derribó monarquías y creó democracias, acabó con tiranías y estableció parlamentos, derrotó a la ignorancia y descubrió un camino al conocimiento.

El burgués, el ciudadano libre, inventó la imprenta y generó con ello la era de la expansión del conocimiento; desarrolló tecnología y dio lugar a una era de exploraciones que nos llevó a dar la vuelta al planeta, que, por cierto, es redondo; y a una era de comercio y contacto mundial, que es el origen de las sociedades plurales de hoy.

La burguesía sentó las bases de una sociedad de la información sobre verdades comprobables. Con la ciencia, el burgués impulsó la medicina y triplicó nuestra esperanza de vida, y estuvo detrás del progreso y la industria.

El ciudadano libre generó la Ilustración, con sus ideas de respeto, inclusión, tolerancia y democracia. El ciudadano libre hizo evolucionar la física y la química hasta descubrir las leyes del universo. Fue la burguesía la que hizo llegar a la humanidad a la Luna, y fue quien desarrolló la vacuna contra el covid, que seguiríamos esperando si dependiera del gobierno.

Pero lo más importante de todo es que tú eres parte de este impulso que ha revolucionado a la humanidad en los últimos quinientos años. Porque si tú vives en una casa, tienes una pantalla o computadora en la que ver un programa, el tiempo libre, el tiempo de ocio para leer este libro, o hacer lo que quieras, eres un burgués. Si puedes elegir qué harás mañana o el mes próximo, qué vas a estudiar, dónde quisieras vivir y trabajar, si aspiras a tener una mejor vida que la que tuvieron tus padres, para dejarle una aún mejor a tus hijos, si te atreves a tener sueños, y si tienes coraje para realizarlos, es porque eres un ciudadano libre; sí, un burgués.

Tú eres parte del gran impulso de libertad. La idea de que cada nueva generación pueda tener mejor vida que la anterior, mayor educación, mejor nutrición y más oportunidades, se debe a la gran transformación que generó la burguesía a partir del siglo xvi. Antes de eso, cada generación vivía básicamente igual que las de siglos anteriores. El deseo fundamental del mundo moderno es que tú vivas mejor que tus padres y tus hijos vivan mejor que tú.

Quinientos años de revolución por la libertad están dentro de cada uno de nosotros. Detrás de cada uno de los derechos que hoy tenemos, detrás de nuestro teléfono inteligente y nuestro internet; detrás de nuestra salud y nuestro conocimiento, de la posibilidad de viajar por placer y conocer el mundo, o de pasear por diversión en las noches. Detrás de la democracia y la libertad, detrás de tus ahorros, sin importar cuántos sean. Detrás de tus posibilidades de vivir mejor, hay medio milenio de revolución de la libertad engendrada por los ciudadanos libres; eso que nunca debemos dejar de ser.

En los últimos quinientos años, la burguesía derrumbó monarquías para instaurar democracias; también generó la filosofía y el pensamiento crítico, exploró, clasificó y catalogó especies de cada mamífero, cada reptil, cada insecto;

células, bacterias, hongos, minerales, vegetales; en el mar, en la tierra, en el aire. La burguesía elaboró la *Enciclopedia*, primer compendio del conocimiento humano, causa primera de que hoy puedas preguntarle cualquier cosa a la inteligencia artificial.

Ese impulso de libertad, con su ansia de conocimiento y su capacidad de producir riqueza, nos llevó a explorar cada rincón del planeta, cada continente, cada océano, cada uno de los abismos más profundos y cada uno de los catorce picos más altos. Cada medio de transporte y cada herramienta de comunicación que hoy disfrutamos, cada videollamada con los seres queridos... Cada contacto y acercamiento tiene detrás el impulso de la burguesía, mujeres y hombres que conquistan, construyen y aprovechan su libertad.

Los camaradas y los reyes

Hacen bien los comunistas en señalar los privilegios y abusos del pasado. Con la monarquía era todo opresión y tiranía. No podía haber libertad porque los reyes tenían poder absoluto. Acumulaban tanto poder que podían ser tiranos. El rey podía tomar todas las decisiones, establecer las leyes, juzgar los casos, censurar las ideas, declarar guerras, imponer decretos.

El rey sometía a los demás poderes, controlaba el ejército, establecía las ideas, administraba el reino y hacía mucha propaganda de sí mismo, todo el tiempo, en todos lados. El rostro del rey aparecía hasta en las monedas para que lo tuvieras muy claro en tu mente. Vivían en grandes palacios. Con todos los lujos, rodeados de arte costoso, con servidumbre, y todo con el dinero de la gente.

El rey gobernaba con todo ese poder por mucho tiempo, treinta años o más... hasta su muerte. Nadie podía disputarle el poder, y además nombraba a un heredero. Y el rey tenía todo ese poder porque se lo había dado Dios Padre.

Todo cambió con la era de la revolución. Los comunistas y libertadores de pueblos más famosos de la historia son como reyes. Lenin, Stalin, Mao, Pol Pot, Castro, Chávez, Evo... tienen el poder absoluto; como el rey, controlan todas las instituciones; como el rey, someten a la oposición; como el rey, centralizan la administración, controlan el ejército, reprimen disidentes, le hacen culto a su persona, su rostro aparece en todos lados. Y de ser posible permanecen ahí hasta su muerte y eligen a su heredero... como el rey.

Poder absoluto hasta la muerte, censura de ideas, una sola forma de ver el mundo, una sola verdad... y muerte para el que no la comparte. Y todo ese poder se lo da Dios Pueblo.

2

CONQUISTA Y ESCLAVITUD

Es difícil liberar a los necios de las cadenas que veneran.
VOLTAIRE

Dentro de la mente del mexicano, 2024

¿Dónde está el oro que se robaron los españoles? Que devuelvan el oro. Si no se hubieran llevado nuestro oro hace quinientos años hoy seríamos ricos; si los gringos no nos hubieran robado el territorio seríamos potencia. Si no nos hubiera traicionado la Malinche. Queremos el penacho de Moctezuma. Es que no era penal.

Es que nos conquistaron, y por eso somos pobres. La Malinche nos traicionó al seguir a Cortés y por eso nos conquistaron. Los españoles trajeron todas las maldades y todas las enfermedades, porque aquí no existía ni la malicia ni la corrupción, ni siquiera había caries en las muelas. Si por lo menos hubieran llegado los ingleses, o los franceses, o los alemanes. Si por el menos el pasado hubiera sido diferente. Yo sería feliz si todo hubiera sido distinto.

Aquí teníamos un país glorioso de tres mil años de historia y con una civilización de avanzada; pero vino lo peorcito del otro lado del océano, cuatrocientos andrajosos que conquistaron al glorioso México de entonces. Todos los males que aquejan al país desde entonces hasta hoy han sido provocados por esa catástrofe de hace medio milenio. No cabe duda, la culpa es de Cortés.

Por eso somos pobres, por culpa de un acontecimiento del pasado sobre el que no tengo ningún control, pero al que puedo culpar de todas mis desgracias. Lo bueno es que la pobreza es una virtud, lo malo es que los conquistadores nos humillaron, lo bueno es que la humildad también es una virtud. Lo malo es que ningún país ha salido de la pobreza gracias a la humildad... Lo bueno es que no nos importa, porque somos pobres, pero honrados.

No es nuestra culpa. Los gringos nos robaron el territorio del norte, por eso no somos una potencia. Ahí teníamos de todo. Teníamos la NASA, teníamos Disney World, teníamos pozos petroleros que, explotados con capital privado, generan muchísima riqueza, teníamos Las Vegas. Pero los gringos nos robaron el territorio, y los españoles el oro, y los austriacos el penacho. Es que así no se puede. Es que a los gringos no les conviene que prosperemos.

Es que Santa Anna, ese maldito, desgraciado, infame, traidor y pérfido vendepatrias se puso de acuerdo con los gringos. Lo bueno es que somos mejores que ellos en futbol, y lo seguiremos diciendo sin importar lo que diga la aguafiestas de la realidad. No importa que los gringos nos ganen, nosotros somos mejores.

Es que Porfirio Díaz se convirtió en un terrible dictador. Lo bueno es que hubo una revolución social en la que el pueblo mexicano se levantó en armas contra la dictadura represiva y luchó por democracia, por justicia social, por igualdad y por hacer de México un país de instituciones y no de caudillos... Lo malo es que los caudillos mandaron al diablo a las instituciones y regresamos cien años en el pasado. Lo verdaderamente malo es que el pueblo bueno y sabio lo celebra.

Es que todos los ricos son malos, malísimos, desgraciados, y todos los pobres son buenos. Pepe el Toro es inocente. Somos pobres, pero honrados. Pero si devolvieran el oro saldríamos de pobres, si devolvieran el oro yo metería el penal y ganaríamos el mundial. Es que la globalización... Es que Salinas de Gortari... Es que el neoliberalismo. En serio, no era penal. Los árbitros están en nuestra contra. Los jueces de los clavados están del lado de los chinos.

Es que nuestra soberanía reside en el petróleo, porque los inversionistas extranjeros sólo quieren volver a saquear a nuestro país. Los capitalistas españoles quieren reconquistar México. Sí, nuestra pobreza es culpa del capitalismo. El neoliberalismo nos ha sangrado y nos tiene con las venas abiertas.

Somos pobres porque somos un pueblo conquistado. Es que hace más de cinco siglos, cuatrocientos aventureros, guiados por Hernán Cortés, junto a cien mil indígenas, tomaron Tenochtitlan, y por alguna razón extraña, hay un vínculo entre ese lejano acontecimiento y todas nuestras desgracias de hoy.

La sede de la libertad está ante todo en la mente. Y no se puede ser libre o próspero cargando ese tipo de historia.

En México gritamos muchas vivas a la libertad y mentamos muchas madres para que México viva. Nos gusta mucho la idea de libertad, aunque el trauma de la conquista nos carcome el alma de tal forma que es evidente que no somos libres.

No hay forma alguna de ser libre con esa mentalidad. Si la culpa es de Cortés y la Malinche, de gringos y españoles, de Santa Anna y de Porfirio, de los árbitros, de los complots, del neoliberalismo, de los demás, entregamos nuestro poder. Si las causas de nuestra decadencia no están bajo nuestro control, no hay nada que podamos hacer. Somos y seremos eternas víctimas del mundo y las circunstancias.

Incapaces de usar nuestra libertad para construir el futuro, inventamos un pasado mítico que asumimos como nuestro paraíso perdido, y nos inventamos un relato de conquista donde Cortés nos robó el pasado, el presente y el futuro. Ahí está nuestra mayor pobreza.

Dijo Voltaire, filósofo liberal de la ilustración, que es difícil liberar a los necios de las cadenas que veneran..., y la narrativa de la conquista ha sido infiltrada de tal manera en el inconsciente mexicano que ha determinado en gran medida nuestras ideas de riqueza, pobreza y libertad. Somos esclavos y veneramos nuestras cadenas.

Caída de Constantinopla, mayo de 1453

Si los turcos no hubiesen tomado Constantinopla en 1453, Colón no hubiera tenido un proyecto que presentar a los Reyes Católicos y jamás hubiese llegado a América, por lo que Cortés seguramente no se habría ido de Extremadura al Caribe en 1504, y definitivamente no se hubiera aliado con los tlaxcaltecas para tomar Tenochtitlan. No existiría nada de lo que somos hoy. Ni el que lee ni el que escribe.

Mehmet II no habría tomado Constantinopla si cinco siglos atrás el líder tribal Selyuq ibn Ducaq no se hubiera convertido al islam y hubiera guiado a su pueblo, los selyúcidas, desde las áridas estepas del Asia Central hasta el Imperio persa. Nada de esto hubiera pasado, desde luego, si no hubiera existido el profeta Muhammad, sin el que no habría islam.

Sin el profeta y sin su religión, tampoco habría nacido España, que es el resultado de un proceso de guerra santa de siete siglos contra los musulmanes llegados por el norte de África, mismo que pudieron arrebatar al Imperio romano de Oriente, a causa de su debilidad, derivada de siglos de guerra contra los persas en la frontera con Mesopotamia.

México no existiría si no hubiera ocurrido todo lo anterior y miles de sucesos más. No tuvimos mala suerte histórica. La historia es lo que es, y la guía una fuerza incontenible, resultado de miles y miles de años de causas y efectos. Pasó lo único que podía pasar, y México es resultado de todo eso.

En mayo de 1453 cayó Constantinopla a manos de los turcos. La capital del Imperio romano de Oriente estaba en poder del islam y el sultán Mehmet II, el conquistador, iniciaba la historia del mundo moderno. La revolución de la libertad de la burguesía comenzó con ese acontecimiento histórico, que dio origen a la era de la exploración y el comercio mundial, generó el Renacimiento, la Ilustración, la democracia y la conquista de México.

El paso del siglo XV al XVI es uno de esos momentos donde parece anudarse la inmensa red de la historia. Momentos en los que confluyen todas las causas del pasado, y en los que comienza a gestarse un nuevo futuro. El mundo y la historia humana vivieron una de sus más grandes transformaciones.

¿Y qué tiene eso que ver con México? Muy simple. Si Mehmet II no hubiera tomado Constantinopla, México no existiría. Así de enredada es la red de acontecimientos de la historia. Fue más o menos así...

Los turcos musulmanes tomaron Constantinopla y cerraron el Mediterráneo oriental para los cristianos que, empujados por la necesidad, salieron a buscar nuevas rutas alrededor del planeta y en el camino se toparon con América. Los turcos que tomaron Constantinopla venían marchando desde Asia Central desde cinco siglos atrás a causa de conflictos con los mongoles, y eran musulmanes porque existió Muhammad, y se extendió el islam porque Roma y Persia llevaban un siglo en guerra.

Esos musulmanes llegaron a la península ibérica porque había caído el Imperio romano, que sucumbió porque los chinos habían salido a perseguir a los hunos, que a su vez forzaron a huir a los pueblos germánicos, que a su vez invadieron Roma. Entonces los guerreros cristianos de la Hispania romana combatieron por setecientos años a los musulmanes, sin lo que no habría existido España, que no habría llegado a América si los turcos no hubieran tomado Constantinopla.

En la historia no hay errores, sino causas y efectos. La llamada conquista no es una tragedia, ni mala suerte histórica, ni algo que pudiera no haber ocurrido. Es causa de toda la historia; somos resultado y confluencia de todo lo que pasó, en cada detalle. El hubiera es una trampa que condena a los pueblos a la esclavitud de la frustración y las emociones negativas.

A mediados del siglo XVI el Imperio chino era el lugar más rico y próspero del planeta. Por sí sola China generaba más riqueza que el resto de las naciones en su conjunto. Gran parte de dicha riqueza estaba originada en el comercio, pues China era el origen de las llamadas Rutas de la Seda.

Año con año, los comerciantes y consumidores europeos se hacían más y más adictos a los exóticos productos que llegaban desde el Oriente, y fue así como la libertad y el comercio fueron reconstruyendo la economía feudal de Europa.

A través de China y el Tíbet, del desierto de Gobi y de Taklamakán, a lo largo de las llanuras del Asia Central y de las estepas siberianas, de los pasos del Himalaya y del río Indo, por Persia y por Rusia, por tierra y por mar, hacia el Mediterráneo y hacia el mar Negro, las mercancías orientales no dejaban de fluir y de construir una economía cada más próspera en aquella Europa que salía de la peste negra.

Pero entonces los turcos otomanos conquistaron Constantinopla en 1453, y todo cambió. El Imperio otomano tomó control de todo el Mediterráneo oriental y decretó un embargo comercial contra sus enemigos de fe. Los barcos cristianos no podían navegar en sus mares ni atracar en sus puertos.

El objetivo del sultán turco era ahogar económicamente a la cristiandad, conquistar Roma y culminar la conquista del islam sobre Europa. Tenía todo para lograrlo; la economía europea dependía en gran medida del comercio, que dependía de los puertos y mares..., y del contacto con Oriente.

El sultán quería estrangular a la cristiandad. Los comerciantes debieron innovar y ser creativos, lo cual, por cierto, es imposible hacerlo sin libertad. La necesidad obligaba a ver todo de manera diferente. Entonces Castilla, Aragón y Portugal encabezaron una tarea titánica: buscar llegar a China y a las Islas de las Especias a través de otras rutas. Portugal dio la vuelta a África hasta llegar a China, mientras que España intentó una vuelta al mundo que la hizo encontrarse con América.

Todo se transformó. Antes de eso, los comerciantes europeos esperaban pacientemente la mercancía de Oriente, que llegaba por tierra, en caravanas de camellos, tras meses de viaje y una enorme cadena de intermediarios que iban incrementando el precio de la mercancía hasta hacerla incosteable.

Ahora, el comerciante europeo subía a los barcos con los que iba directamente a la fuente, a China y a las Islas de las Especias, donde conseguía la mercancía, evitaba intermediarios, podía cargar toneladas y el viaje por mar era increíblemente más rápido. Todo eso abarataba los productos y promovía el consumo.

El comerciante no sólo intercambiaba mercancías, descubría rutas, establecía contactos y redes, aprendía idiomas, conseguía los barcos y la tripulación, para lo cual arriesgaba capital; es decir, que además de mercancías ofrecía servicio; y en ese servicio y mejor variedad de productos estaba el espacio para competir con otros comerciantes por el mercado. Es ese trabajo lo que agrega valor a las cosas.

Pero qué difícil, costoso y peligroso era conseguir toda esa mercadería en tierras exóticas. Una flota de varios barcos, de cuatro o cinco en adelante, debía navegar junta para protegerse del peligro de los piratas, porque los que aspiran a vivir del trabajo de otros han estado ahí por siempre.

Hasta cien tripulantes iban en cada nave. Marineros, pilotos, trabajadores, cargadores, carpinteros, artilleros, contadores y administradores; todos sobrevivían por meses sin tocar tierra, sin espacio; entre cajas, animales y cadenas, cada día significaba un nuevo riesgo.

La economía europea no cayó como buscaba el sultán turco, sino que la innovación, creatividad, talento y riesgo de los comerciantes libres resolvieron la histórica situación. Europa comenzó su empoderamiento mundial, y el Imperio otomano que quiso destruirla, atado a una tradición económica más agrícola, controlada por sus autoridades, comenzó a construir su decadencia.

El auge de Europa y Occidente no fue resultado de un plan magnífico pensado y orquestado centralmente por una mente maestra. Fue resultado de la libertad.

Portugal dio la vuelta a África antes de terminar el siglo XV. Llegaron al Indostán, a Malasia y a China. Tras ellos, neerlandeses, ingleses y franceses se lanzaron siguiendo la misma ruta. Los europeos no dejaban de salir a dar la vuelta al mundo. ¿Qué los motivaba a arriesgar la vida? Así como los comunistas del siglo XX y XXI huyen despavoridos de la miseria y la opresión, estos emprendedores del siglo XVI se arriesgan por libertad y prosperidad.

Mientras todos esos países usaban la ruta africana, España llegó a América en 1492 e inauguró el intercambio entre continentes más grande de la historia. Tras España llegaron también Portugal, Francia, Inglaterra, Holanda y hasta Suecia. Juan Sebastián Elcano dio la vuelta al mundo, y desde México y con los tlaxcaltecas, España conquistó las Filipinas y las incluyó en sus rutas comerciales. Para finales del siglo XVI, todo el mundo conocido, y el que se estaba conociendo, estaba enlazado por el comercio.

Había más productos, mercancías y materias primas que nunca, más actividad comercial que nunca, y además había más oro y plata que nunca, que se convirtieron en la moneda universal para realizar dicho comercio. Comenzaba una nueva era y vemos el vertiginoso nacimiento del capitalismo moderno.

Españoles e ingleses fueron a la vanguardia de las globalizaciones que estaban generando. Pero por las ideas de cada pueblo, y las condiciones de los lugares a los que llegaron, cada uno desarrolló distintas visiones de la economía y la riqueza que siguen presentes hasta nuestros días.

La idea económica dominante era el mercantilismo, la cual básicamente establecía que la riqueza dependía de la posesión y el dominio de los recursos naturales. Según esta visión, la riqueza del planeta era limitada, y, por lo tanto, las personas y los reinos sólo podían prosperar a costa de otras personas y reinos. Cuando un progresista de la actualidad sigue pensando que la única forma de tener riqueza es arrebatársela a otro, o que el pobre lo es por culpa del rico, básicamente tiene la mente anclada en el siglo XV.

Había que estar en eterna lucha por la tierra y sus recursos y entonces aparece América, con ese vasto territorio que sólo podía significar mucha riqueza. España encontró oro en América y ahí comenzó su peor pobreza, pues durante trescientos años no tuvo necesidad de adaptar o cambiar sus ideas con respecto a la generación de riqueza.

Encontró una mina de oro, y su pensamiento económico quedó más relacionado con la idea de la posesión de metales preciosos. Extraer oro y plata es un trabajo desde luego, uno que por cierto no llevaban a cabo los pueblos mesoamericanos, que no explotaban vetas de metales preciosos, pero ese trabajo no te entrega un producto terminado sino un medio.

A través de un medio como el oro y la plata se puede conseguir cualquier mercancía. Pero es la mercancía o el servicio lo que uno busca; ese producto o actividad al que se le ha agregado valor con el trabajo, la creatividad y la inversión. Aquel que se dedica a extraer oro lo intercambia por dichos bienes, aquel que produce los bienes se queda con el oro y la capacidad de intercambiarlo. Es así hasta hoy.

No es que los ingleses desdeñaran el oro, pero no fue lo que encontraron en la parte de América que consiguieron para ellos. Sin oro ni grandes recursos, con suelos más fríos y duros, fueron lentamente desarrollando una economía de la transformación... Siglos después los mexicanos encontramos oro negro, y nos ocurrió la misma desgracia que a los conquistadores, nuestro oro nos empobreció y nos siguió anclando a la idea de que la riqueza depende de los recursos. Como el gas de Bolivia, como el cobre chileno, como el litio peruano... parecen riqueza, pero no lo son en realidad.

Mercancías y metales que servían como moneda universal no dejaron de rodear el planeta. Más innovación y creatividad, más rutas, mejores barcos, variedad de productos, transporte de mercancías y personas, servicios bancarios y financieros, sistemas logísticos y administrativos. Todo eso se movía con cada viaje en barco a partir del siglo XVI.

Cada uno de esos viajes duraba meses de vida difícil. Una flota de Holanda o Portugal, por ejemplo, debía salir de Europa por el Atlántico norte, navegar hacia al sur, enfrentarse al cambio de clima y estación, bordear África, llegar al cabo de Buena Esperanza, con la buena esperanza de que los barcos no reventaran contra los arrecifes...

De ahí al océano Índico a enfrentarse a semanas completas de no ver tierra, para finalmente llegar a Malasia y la Especiería, donde habría que hacer recorridos por varios meses antes de emprender el viaje de regreso para vender la mercancía en los mercados europeos, si el mal tiempo o los piratas no acababan con ella.

Además de arriesgado y peligroso, el comercio mundial era muy caro. Armar una flota de esas características, conseguir y pagar a todos esos empleados, sufragar los gastos de meses de una operación tan compleja, aprovisionar todos los barcos, disponer de personal administrativo... todo para llegar, por ejemplo, al Imperio otomano y comprar tulipanes, muy demandados en los puertos de Ámsterdam.

No había forma de que una sola persona tuviera tanto dinero. Pero de la unión de muchas personas surgieron las empresas y asociaciones, algunos mercaderes tuvieron la oportunidad de ofrecer créditos y, los más creativos, la opción de permitir que todos los ciudadanos comunes y corrientes participaran del negocio a través de las acciones.

Fue tan exitosa esa forma de participar en la nueva economía que muy pronto fue necesario vender el futuro. Por primera vez en la historia, por cierto, había confianza en el futuro.

Pero esa nueva economía comercial, llena de productos exóticos y extraños, de telas lujosas y alimentos deliciosos, de especias y plantas, de piedras y metales preciosos, de productos artísticos, sólo podía ser caótica. Mucha mercancía de todo tipo, muchos comerciantes tratando de obtener el mejor precio por sus artículos, muchos clientes potenciales tratando de rebajar los costos. ¿Quién iba a poner orden en semejante caos?

Pero el mercado se ordenó solo y dejó ver la función productiva de ese aparente caos. Muchos individuos, libres y egoístas, en busca de su beneficio, participan libremente en el intercambio. Cada vendedor quiere dar el precio más alto posible y cada comprador quiere conseguir el mejor descuento. Discuten, dialogan, hacen cuentas. Nadie está ahí por la fuerza.

Es evidente que el resultado al que lleguen es bueno para todos, o simplemente no aceptarían. Por más que rebaje precios, ningún vendedor aceptará pérdidas; por más que pague un precio alto, ningún comprador se llevará un objeto sin asumir que le conviene. En ese bullicio de negociación, la propia actividad y competencia motivan a los vendedores a dar los mejores productos al mejor precio, y ofreciendo un mejor servicio.

Ahí está la base de Adam Smith; ni él ni el capitalismo inventaron el mercado; ése lo inventó la civilización. Siempre hemos necesitado de los demás en todos los sentidos; es parte de ser humanos. Siempre hemos necesitado recursos, productos, ideas o servicios de los demás, y sólo han existido dos formas históricas de obtener dichos recursos: guerra o comercio.

El problema, desde luego, señalado por el propio Smith, es que el cimiento para que este sistema funcione correctamente es la ética. Que cada quien haga su mejor trabajo y diga la verdad. Cierto que, en este libre mercado de bienes y servicios, los comerciantes podrían mentir y engañar, como los políticos cuando venden promesas y futuros.

Pero el comerciante, el emprendedor, el empresario, vive de su prestigio. No podrá vivir por mucho tiempo del mercado y el servicio a través del engaño. Ese arte siempre ha sido más del político que del empresario.

México no fue despojado de nada en una conquista, porque es resultado de ese proceso.

México no ha sido empobrecido por el neoliberalismo, porque aquí nunca ha existido una verdadera economía liberal.

El gobierno mete sus manos en todo, hay una mafia detrás de cada actividad económicamente productiva, hay monopolios de Estado; para trabajar, arriesgar y emprender son necesarios procesos complejos y amañados, y todo funciona mejor si se tiene un buen compadre. Eso, y no la libertad económica, es lo que empobrece a México. No es el bloqueo lo que empobrece a Cuba; es el comunismo.

En México, siempre han sido los políticos los que empobrecen al pueblo, los que no producen riqueza en toda su vida y reparten indiscriminada e irresponsablemente lo que no es suyo; son los que siempre han sangrado al trabajador, al tiempo que señalan al empresario, al generador de riqueza y empleo, como el culpable de todas sus desgracias. Son los políticos, a veces comenzando por el presidente, los que nunca han pagado impuestos.

En México nunca ha habido un capitalismo liberal, y el empresario nunca ha sido enemigo del pueblo; pero las narrativas de conflicto del populismo se mezclan muy bien con el trauma de la conquista con el que se ha sometido la mente de los mexicanos por más de un siglo.

Caída de Tenochtitlan, 13 de agosto de 1521

El 13 de agosto de 1521, un ejército y una turba terminaron de vencer las defensas de una ciudad y penetraron en ella. Dos años antes, en sus días de gloria, aquella capital tendría unos cien mil habitantes. Dominaba una cuenca lacustre con una docena de ciudades pequeñas y medianas, todo eso en un valle elevado, al centro de un espacio de civilización que había vivido aislado del resto del mundo hasta ese momento en la historia.

Nadie hubiese concedido demasiada importancia a que una horda de guerreros tomara por asalto la ciudad de sus opresores, en una civilización que no tenía contacto con ninguna otra en el planeta.

Pero en medio de los cien mil guerreros que tomaron la ciudad de los mexicas, había mil que venían del otro lado del mar. Ese detalle hizo de la caída de Tenochtitlan el evento más importante de la historia hasta ese momento, y por lo menos por quinientos años más. Si los tlaxcaltecas, texcocanos, cholultecas, y huexotzincas hubiesen tomado Tenochtitlan el 13 de agosto de 1521, o cualquier otro día, sin la presencia de aquellos extraños, nada hubiera cambiado.

La caída de Tenochtitlan ocurrió, como cualquier acontecimiento en la historia, porque se reunieron todas las condiciones para que pudiese ocurrir. Toda la fuerza de la historia había lanzado a Europa a darle la vuelta al mundo, y América se convirtió en un poderoso imán que atrajo a hombres y mujeres libres de todo el Viejo Continente.

El triunfo de tlaxcaltecas y españoles abrió la puerta de todo el continente a Europa, y comenzó el mundo moderno y la era del capitalismo.

Capitalismo, riqueza, liberalismo. Nada de eso es malo o bueno; son los procesos y resultados de la historia, monedas de dos caras como todo en nuestro mundo. Sistemas que cada individuo humano, en pleno ejercicio de su individualidad, su consciencia y su libertad, puede usar para bien o para mal. Todo depende de la ética.

Pero eran inevitables. Todo en la historia es una consecuencia inevitable de todo el cúmulo de eventos del pasado que no deja de manifestarse. No tiene caso lamentarse por el presente que es fruto del pasado, sino actuar libre y conscientemente en el presente para causar de manera deliberada y planeada el futuro. Esa libertad es la que nos arrebata la narrativa de conquista de nuestra historia; nuestra terrible trampa del hubiera.

Cada detalle del pasado es fundamental para que el presente sea lo que es. Ese presente es el único material del que disponemos para trabajar. Sin los mexicas no habría existido el México que somos, pero tampoco sin el descubrimiento de América y la conquista; no sin Cuauhtémoc, pero tampoco sin Cortés; no sin la existencia de Muhammad o las invasiones de Gengis Khan, no sin Carlomagno y sin Atila, y desde luego, no sin la caída de Constantinopla.

No puedes quitar nada del pasado. La fuerza de la historia es una ola imposible de detener, una inercia incontenible. Todo lo que pasó en cada momento, pasó porque tenía que pasar. Lo que hay es lo que existe, y ése es el único punto de partida para planear el futuro; lo que hay en la realidad, no el fantástico, pero peligroso, mundo del hubiera.

La trampa del hubiera es una prisión que puede conducir a un individuo, o a todo un país, a vivir sumergido en la melancolía, en su laberinto de soledad. La depresión de saber que, al estar destinados a la mayor de las glorias, todo nuestro futuro y nuestro destino nos fueron arrebatados por el acontecimiento más terrible de la historia..., el que sea.

El hubiera te arrebata todo tu poder, porque el mensaje que te das a ti mismo es un razonamiento infantil: las cosas están mal, eso es culpa de las cosas, del mundo y de las circunstancias. Las cosas van a seguir mal porque el mundo sigue en mi contra. Yo no voy a cambiar porque yo estoy bien así como estoy. Las cosas serían diferentes, y yo sería muy feliz, si algo que ocurrió hace quinientos años no hubiera acontecido.

El hubiera te condena. Con esa trampa narrativa te obligas a pensar que no tienes poder sobre tu vida y tu existencia, porque lo que te condena es un evento terrible del pasado contra el que no puedes hacer nada. Estás condenado a la esclavitud.

El hubiera te dice que tu sufrimiento y tus penas, tus traumas, complejos y limitaciones, tus incapacidades, tu indisciplina y, ya entrados en gastos, todos tus defectos de carácter son culpa del mundo y de las circunstancias. La culpa es de Cortés.

Eres así porque las cosas fueron como fueron y son como son. La absoluta responsabilidad y todo el poder recae en "las cosas". Si "las cosas", así de poderosas como son, hubieran sido distintas, entonces yo sería diferente. No es mi culpa. Yo no soy el responsable de mi vida..., ay, si todo hubiera sido distinto.

Si todo hubiera ocurrido de cualesquiera de las otras mejores formas que puedas imaginar, serías infeliz, y también culparías al mundo y sus circunstancias, pensando que todo habría sido mejor si hubiera sido diferente. Ésa es la trampa narrativa en la que cayó México. La trampa del hubiera. Nuestra mayor pobreza.

¿Qué tienen en común países como Brasil, Chile, China, Corea, Vietnam, Camboya, Libia, Costa Rica, Filipinas, Holanda, Irlanda... y hasta Estados Unidos? Todos en su momento fueron territorios conquistados, colonias del imperialismo europeo del siglo XVI al XIX.

Brasil fue de Portugal y Chile de España, hace tanto tiempo como México, y también durante siglos. China fue invadida y humillada a lo largo del siglo XIX por casi todas las potencias europeas. Vietnam y Camboya fueron la Indochina francesa, y nacieron a la vida independiente en una guerra tan despiadada como fue la de Vietnam. Irlanda fue conquistada y devastada por los ingleses. Costa Rica, Filipinas y hasta los Países Bajos fueron territorio español, y España estuvo siete siglos bajo dominio árabe.

Toda la Europa mediterránea fue ocupada y sometida por Roma. Roma cayó porque fue invadida por los pueblos germánicos, que devastaron y saquearon el imperio, al tiempo que todos eran saqueados por los hunos. Japón invadió Corea y secuestró a su reina; Estados Unidos lanzó dos bombas atómicas sobre Japón.

Todos esos países, y muchos otros, podrían ir por la historia lamentándose de ser pueblos y países conquistados, y hacer que las culpas de todas sus miserias recaigan sobre ese hecho. Vivir en el pasado y culparlo de todo, mientras se espera, con cada vez más desesperanza, el futuro que no se está construyendo.

Esos países están en el siglo XXI por encima de México, algunos de ellos desde mucho más abajo. Lo que tienen en común es que todos fueron en su momento países conquistados, y también tienen en común que superaron ese trauma, dejaron de contarse esa historia. Decidieron ya no utilizar ese pretexto.

México ha visto pasar los siglos y sigue usando la mentira de la conquista como trauma fundamental de su identidad y como pretexto para todas sus desgracias. Detrás de ese lamento, de esa narrativa que usa las adversidades ficticias del pasado para justificar las incapacidades del presente, se esconde una visión medieval de la riqueza y la pobreza.

Seguimos pensando que la riqueza depende de la suerte, del azar geográfico. Si tenemos oro, o algún otro recurso, somos ricos; de lo contrario, no lo somos. Éramos ricos porque teníamos oro y plata, según nuestro mito; aunque dichos metales estaban bajo tierra y no se usaban como parte activa en esa antigua economía agrícola basada en el trueque.

Teníamos oro y plata en el subsuelo; en la mentalidad medieval, como tener una cuenta de banco con miles de millones a nuestra disposición. Así quizás imaginamos al rico y al empresario en México. Es rico porque tiene una bóveda llena de dinero al estilo de Rico McPato. Imaginamos la riqueza como un estado y no como un proceso. El rico vive generando riqueza, y eso no significa que esté constantemente arrebatándosela al subsuelo o a los pobres, sino que la crea.

Pero la principal libertad del mexicano no se la ha arrebatado ningún conquistador, sino su propio gobierno a través de la imposición de una narrativa histórica que gira en torno al trauma de la conquista. La idea de que nuestra pobreza se originó por un robo primigenio que lleva quinientos años condenándonos.

El que es pobre en la mente está condenado a no ser libre, y es la historia que nos contamos de nosotros mismos la que nos hunde en la pobreza y nos arrebata la libertad.

Reducimos la realidad hasta un simplismo ridículo. Teníamos oro y plata, obvio éramos ricos. Luego descubrimos petróleo, que además es de todos los mexicanos, más ricos aún. Pero la realidad dice que somos pobres, y la única respuesta posible es que nos robaron, desde el actual inversionista que quiere volver a conquistarnos hasta el conquistador original que nos arrebató todo.

Nuestra pobreza no es culpa nuestra, sino el resultado de un terrible despojo original del que nunca podremos reponernos. Nos robaron y por eso somos pobres, pero honrados. Entonces convertimos la pobreza en virtud y nos condenamos a ella para siempre.

Amamos la pobreza, le cantamos, le hacemos telenovelas, la enaltecemos y la convertimos en virtud: pobre pero honrado. Pepe el Toro es inocente. Es mi orgullo haber nacido en el barrio más humilde. Tú me cambiaste por unas monedas. Te casaste con un viejo que es muy rico. Tal vez mil cosas mejores tendrás, pero un cariño sincero jamás. Un buen remedio psicológico contra la frustración es convertir la pobreza en virtud, pero al convertir la pobreza en virtud, nunca saldremos de pobres.

Cada día de nuestras vidas, cada segundo, en cada canción popular y en cada libro de historia regeneramos esos valores que nos alejan del progreso, que nos atan al pasado, que siguen marcando nuestro destino, y que nos alejarán para siempre del futuro si no logramos cambiar nuestra mentalidad.

Somos pobres porque nos robaron. Eso está claro. Luego entonces, todo rico es ladrón. No hay forma honrada de generar riqueza. Si tienes es porque me lo quitaste. Si no tengo es porque fui despojado. No hay forma de ser libre con ese pensamiento.

Si no nos hubieran conquistado. Si no se hubieran llevado nuestro oro. Si los gringos no nos hubieran robado el territorio... la riqueza depende de la suerte. Qué mala suerte tuvimos. Pero qué virtuosos que somos. Si todo hubiera sido distinto...

Independencia de México, 1810-1821

El 16 de septiembre de 1810 Miguel Hidalgo dio un grito de libertad, aunque fue con vivas al rey de España. Hubo guerra, matanzas, masacres y violencia... pero no hubo libertad.

Once años después, Agustín de Iturbide recibió el poder de Juan O'Donojú y firmó el Acta de Independencia. El 27 de septiembre de 1821 fue declarado el día más feliz de la historia, y el siguiente día fue de verbena popular. Gritos, petardos y mentadas en honor de la independencia..., pero nadie era libre.

Los que ejercían el poder sobre todos ya no vivían en Madrid, sino en México, y a ese peculiar fenómeno le hemos llamado *independencia*, en nuestro país y en el mundo. Extraño efecto del adoctrinamiento nacionalista, pensar que eres libre porque el que te gobierna, te somete y te quita impuestos, nació y vive en el mismo país que tú. Nos deja claro que no sabemos lo que es la libertad.

Al día siguiente de la independencia la vida siguió siendo la misma para todos los habitantes de este país; excepto para los pocos que ahora tenían el poder y el control del gobierno. Extraño condicionamiento hemos desarrollado en nuestro país, buscar siempre el ala protectora del gobierno. Vivir del gobierno. Trabajar en el gobierno... ¿Dónde está la libertad? ¿Para qué queremos una supuesta independencia?

Una vez que un país es independiente y su pueblo proclama a todo pulmón la libertad, todo lo que ocurre a partir de ese momento es responsabilidad de ese pueblo. Es como si llegaras a la presidencia y te dedicaras día con día a culpar al pasado. ¿Para qué querías la presidencia? Si culpamos de todo a España, a los gringos, al oro robado, al territorio, a los árbitros, ¿para qué queremos la independencia?

Ser libres para ser felices. La felicidad es el tema fundamental del liberalismo clásico. Todos los hombres han sido dotados de derechos inalienables, señaló Jefferson: la vida, la libertad y la busca de la felicidad. Nos lo dijo Agustín de Iturbide a los mexicanos: les he mostrado el camino para ser libres, a ustedes les toca encontrar el de ser felices.

Pero no fuimos felices en el siglo XIX. México era ya independiente de España, pero los mexicanos no eran libres de su gobierno y de sus políticos. Durante los primeros cincuenta años de vida independiente no dejamos de estar en guerra todos contra todos, siguiendo a políticos que imponían ideologías.

A partir de 1821 éramos imperio, pero peleamos durante tres años más para ser república. Ya republicanos en 1824, peleamos treinta años más por definirnos centralistas o federalistas, conservadores o liberales..., escoceses o yorquinos; porque todo ese conflicto no era más que la guerra entre las dos logias que se peleaban el control del país.

Ésa es siempre la razón de las guerras mexicanas: ciudadanos, que evidentemente no son libres, luchando por sus políticos.

En 1858 comienza una guerra civil y en 1862 una invasión internacional causada por no pagar la deuda externa, por ser insolventes, por vivir en guerra civil. En 1864 llega Maximiliano de Habsburgo y, antes de que se aclimatara, ya lo habían fusilado, en 1867, para restaurar la república.

Desde entonces somos lo que somos: una república donde el país no es de todos, sino de los políticos; una democracia donde el *demos* no importa; una federación centralista que lleva dos siglos evidenciando y negando el fracaso de su sistema federal y un país donde la libertad da tanto miedo que las multitudes siguen prefiriendo depositar sus esperanzas en políticos.

En el siglo XIX ocurrió una de las más espectaculares transformaciones de la historia, quizá la más importante después de la revolución agrícola; fue precisamente el siglo de la Revolución industrial. Se descubrieron combustibles, se inventaron máquinas, se crearon procesos, se desbocó la creatividad, y la economía se transformó para siempre.

Toda la sociedad experimentó un cambio vertiginoso en su manera de trabajar y consumir, y con ello en sus tradiciones y formas de pensamiento, visiones de la vida y filosofía. Surgieron los Estados nacionales modernos, nacieron las primeras grandes empresas, se comenzaron a amasar las primeras grandes fortunas, se desarrollaron todo tipo de máquinas, desde textiles hasta locomotoras, se inventaron grandes cosas, desde los focos eléctricos hasta el cine.

Nacieron el avión y el automóvil, se electrificaron ciudades, se tendieron vías férreas, se innovó, se inventó, se creó y multiplicó riqueza. Pero los mexicanos pasamos toda esa centuria matándonos entre nosotros por las ideas de los políticos.

Ésa es gran parte del drama mexicano. La Nueva España de 1776 era mucho más rica, culta y próspera que las colonias británicas que estaban independizándose para formar los Estados Unidos. Nuestra plata era moneda mundial y nuestro país era el puente del mundo.

El México que nace en 1821 era diez veces más grande que nuestro vecino que sólo nos llevaba medio siglo de ventaja en eso de la independencia. Había oro, plata y mejores condiciones agrícolas. Estados Unidos no era más grande, ni más rico, ni más poderoso que nuestro país en el momento de nuestro nacimiento, pero sí tenía ideas de libertad que, evidentemente, funcionaron mejor. A los cuarenta años de haber nacido, se quedó con la mitad del recién nacido México.

Lo mismo ocurre en los deportes. En las Olimpiadas de 1984, México obtuvo seis medallas; su mejor participación olímpica fuera de casa, pues en México 68 se obtuvieron nueve. En ese 1984, cuando México celebraba seis medallas, una pobre y atrasada China ganó una sola, la primera de su historia. En 2008 México regresó con cuatro premios y China fue el campeón del medallero.

Es evidente que algo hacemos mal con nuestra libertad, y quizás el problema comienza con la historia de sometimiento mental que nos contamos.

Cuando se construyó el mundo moderno, el mundo industrial que surgió de las cenizas de la Revolución francesa, México se estaba peleando. A lo largo de cien años de construcción de riqueza y modernidad, los mexicanos optamos por el camino del conflicto.

Con treinta años de control porfiriano, nuestro país se construyó y se industrializó; muchas cosas estaban mal, muchas debían ser corregidas, urgía un pacto social más equitativo, pero en México tomamos la opción de destruirlo todo.

De treinta años de guerra civil llamada revolución surgimos como un pueblo educado en depender de su Papá Gobierno. Se terminó con ello la libertad; los mexicanos fueron conquistados por su gobierno. El propio Marx señaló que no existe mayor opresor de los individuos que el Estado, y el Estado mexicano que se construyó tras la revolución dominaba la mente y la cuenta bancaria de sus ciudadanos.

Los primeros años de vida independiente, México seguía atado a sus estructuras virreinales, con una economía primordialmente agrícola y minera, y una sociedad dividida en diversos grupos de privilegios. No había forma de ser productivos. Entonces Benito Juárez trajo el capitalismo y el liberalismo, la propiedad privada y el Estado de derecho, y con ello las inversiones y el dinero. Todo eso que se mantuvo con Díaz fue destruido por la revolución. Todas esas características tan juaristas que atacan los juaristas de Morena.

Nuestra eterna guerra volvió a sumergirnos en la pobreza, y los políticos nacidos de la revolución siempre quisieron tener la economía bajo control. Algún momento de respiro liberal tuvo México en la década de 1940, y con ello el renacer de la industria, pero nuevamente los políticos se apoderaron de las estructuras productivas hasta quebrar el país. Hubo un respiro de liberalismo en los años noventa, pero de nuevo desde el gobierno se pretende secuestrar la economía.

Varios periodos de economía liberal ha tenido México, y se ha enriquecido en cada uno de ellos, comenzando con Benito Juárez y hasta la caída de Porfirio Díaz. Había inversiones, flujo de capital y trabajo. Eso es lo que ocurre cuando el ciudadano es libre de comprar y poseer cualquier bien que le permita producir riqueza, sea una tierra o una nave industrial, un edificio o un tractor, una bodega o una fábrica de chocolates.

Pero tras cada periodo liberal hemos vuelto al paternalismo. Y en medio del paternalismo decimos que la pobreza es culpa de la libertad.

3

LIBERTAD Y TIRANÍA

Sólo el hombre culto es libre.
Epicteto

Libre mercado de ideas

El 30 de enero de 1649 los hombres libres de Inglaterra le cortaron la cabeza al rey. Carlos I de Inglaterra tenía más de veinte años en el trono, ostentaba un poder absoluto y el reino estaba en bancarrota. El monarca obligó al pueblo a apoyarlo con los gastos, impuso préstamos forzosos y comenzó a inventar nuevos impuestos. La corte lo declaró fuera de la ley y el rey suspendió la corte.

Desesperado por cubrir los gastos de su gobierno, el monarca comenzó a encarcelar a los que se negaban a prestarle dinero, y a arrestar arbitrariamente a los hombres ricos del reino para exigirles una fianza. Sí, el rey comenzó a secuestrar a sus súbditos.

Cuando el parlamento quiso detenerlo, el rey ordenó su disolución. Cuando los comerciantes y empresarios quisieron dialogar con él, les mandó tropas. Cuando lo llamaron a juicio, dijo que por su autoridad moral ningún hombre podía juzgarlo.

Tras una guerra entre las tropas del rey contra las del parlamento, Carlos I de Inglaterra fue capturado, declarado traidor y condenado a muerte. Faltando un minuto para las dos de la tarde, su cabeza fue separada de su cuerpo con un solo golpe de hacha. Nunca en la historia había pasado algo de esa magnitud; un regicidio que ocurría tras un proceso formal ordenado por los representantes del pueblo. La historia de la libertad es limitar el poder.

El 21 de enero de 1793 otra cabeza real fue presentada ante la multitud, la del francés Luis XVI, decapitado también por orden de una asamblea de representantes del pueblo, tras ser juzgado de acuerdo con una Constitución.

Al igual que en Inglaterra, el conflicto de los franceses con su rey comenzó por un tema de impuestos, mezclado con intransigencia divina. Por esa misma causa comenzó la revolución de la que las colonias británicas se convirtieron en Estados Unidos de América. Ellos no le cortaron la cabeza al rey, porque les quedaba al otro lado del océano, pero se separaron ellos mismos de la cabeza del imperio.

Pero todas esas revoluciones de libertad que ha venido encabezando la burguesía desde el Renacimiento giraron en torno a las ideas. Es una revolución del conocimiento. Ideas y conocimiento que ahora podían intercambiarse y compartirse gracias al invento que dio forma al mundo moderno: los libros.

Libros, autores y conocimiento detrás de cada revolución de la libertad. Francis Bacon y John Locke detrás de la inglesa, los filósofos de la Ilustración detrás de la francesa y la americana... o la biblia de Gutenberg detrás de la Reforma protestante. Ideas para cuestionar el pasado y la autoridad. Ideas para ser libres.

Detrás de cada revolución por la libertad hubo conocimiento. La desobediencia siempre ha estado ahí como alternativa a la imposición y la tiranía; pero incluso para saber que tenemos la opción de la desobediencia, necesitamos conocimiento.

Sócrates señaló que sólo hay un bien, el conocimiento; y sólo hay un mal, la ignorancia. Pero si el conocimiento es poder, como dijo Francis Bacon, ejercer control sobre el conocimiento es vital para el poder. Por eso se dan conferencias matutinas, por eso se copta a los medios; por eso se diseñan noticias falsas. Por eso los gobernantes inyectan su ideología en los libros de texto.

No puedes confiar en la versión de los hechos que da el que tiene el poder, pero menos aún puedes confiar en la versión del revolucionario que busca arrebatar el poder. Un político que de verdad respete tu libertad, y con ello tu dignidad humana, nunca se atreverá a decirte qué debes creer y pensar.

Detrás de las revoluciones liberales de Inglaterra, Norteamérica y Francia, así como del nacimiento de cada país de la América hispana, estuvo la herramienta más poderosa de transmisión de información y conocimiento que había existido hasta ese momento de la historia: el libro impreso. El conocimiento es poder y la verdad te hará libre.

Los últimos quinientos años de la historia humana han sido más revolucionarios que los diez mil anteriores. El paso del siglo XV al XVI es la frontera de la historia en la que la humanidad abandona eso a lo que llamamos antigüedad, y se aventura en algo nuevo: el mundo moderno, el primer momento de la historia humana donde los individuos pueden desarrollar libremente su individualidad y encontrar su plenitud.

Una serie de eventos catapultaron a una Europa que vivía dormida: la epidemia de peste negra, la caída de Constantinopla, la llegada a América..., pero la mayor revolución de la libertad en manos de la burguesía fue el desarrollo de la imprenta y la invención del libro. A partir de entonces, la libertad siempre ha ido de la mano del conocimiento. Por eso junto a los libros nacieron las quemas de libros.

Quemar un libro es asesinar la libertad; es prender fuego al autor y a sus ideas. Lo ha hecho la Inquisición, los nazis y los comunistas. Nunca un hombre verdaderamente libre quemará un libro.

Toda forma de evitar que los individuos tengan acceso al conocimiento es la principal evidencia de un régimen que busca poner una venda en tus ojos. No importa que hablemos de una pira de libros o de un instituto de acceso a la información.

Hace unos seis mil años, las elites de la civilización desarrollaron la escritura, no lo hicieron para transmitir el conocimiento, sino para encriptarlo. Las elites siempre han sabido que conocimiento es poder, sólo que, durante milenios, el individuo común no tenía acceso a dicho conocimiento. Con el desarrollo de la imprenta cambia por completo la historia humana. El conocimiento es poder. La verdad te hace libre.

Las ideologías unifican y te arrebatan con ello tu libertad. La verdad une y te empodera. En ese sentido, nunca ha existido mayor potencial de libertad que en nuestro tiempo, cuando toda la información del mundo está al alcance. Paradójicamente, la libertad nunca ha estado tan amenazada, ahora que la capacidad de desinformación es mayor que en cualquier otro momento de la historia. Ahora que se puede usar el presupuesto público para mentir, agredir y señalar culpables todas las mañanas por dos horas.

Miente, miente, miente... que algo quedará. Ese cimiento de la propaganda de Joseph Goebbels, máximo ideólogo nazi, es la realidad cotidiana del siglo XXI y la estrategia fundamental de los grupos de izquierda que, paradójicamente, se ubican a sí mismos en el extremo contrario al de los nazis, aunque sus métodos sean tan parecidos.

Pero la información es tuya, todo el conocimiento de la humanidad está a tu alcance; todo lo que el ser humano ha creado, pensado y escrito puede llegar a todos los rincones del planeta. La historia de cada tiranía y la estrategia de cada tirano ha sido mentirte para que entregues voluntariamente tu libertad.

Hoy en día no existe excusa. Es ignorante el que quiere y es engañado el que lo permite. Todo el conocimiento y tu libertad están al alcance de la mano, sólo hay que hacer el desmedido esfuerzo de no creer lo primero que nos digan, y cuestionarlo todo. Tu libertad depende de la duda y el pensamiento crítico.

La revolución de la información comenzó en una fecha imprecisa en torno a 1450. Hasta ese momento, los monjes pasaban vidas enteras encerrados en monasterios copiando libros, pero en la segunda mitad del siglo xv los escritos fueron pasando de los pupitres de los religiosos a los talleres de impresión.

Antes del siglo xv, la información estaba contenida y limitada, pues la reproducción de textos dependía del copiado a mano. Entonces, en Maguncia, Alemania, comenzó la revolución informática que cambió por completo el rumbo de la humanidad. Una revolución que se le debe a un hombre, Johannes Gutenberg y a su gran idea: la imprenta de tipos móviles para formar libros.

El primer libro que salió de la imprenta de Gutenberg fue la Biblia, y causó con ello la primera gran revolución. Sin imprenta no había biblias, la religión regía la vida de las personas a través de la doctrina y el dogma, y no había siquiera la posibilidad de contrastar esa información.

Gutenberg imprimió las Sagradas Escrituras y Martín Lutero las leyó y cuestionó. Después escribió, editó y publicó sus *Noventa y cinco tesis* contra la idea de vender el paraíso, y la historia cambió para siempre. Por aquel tiempo llegaron a los talleres gráficos de Sevilla y de Ámsterdam las *Cartas de relación* de Cortés, al tiempo que se popularizaban los viajes de Marco Polo por Asia. Ampliar el tamaño del mundo es fundamental en el camino a la libertad. Todo nacionalismo se cura viajando, y todo radicalismo, leyendo.

El príncipe de Maquiavelo comenzó a cuestionar la política, mientras los *Ensayos* de Montaigne indagaban en la felicidad humana, y la literatura utópica de Tomás Moro y Francis Bacon intentaban unirlas. Las reflexiones de Erasmo de Róterdam daban impulso a una nueva filosofía, Aristóteles y Platón volvieron a circular, y Nicolás Copérnico nos dijo que no éramos el centro del universo. Su *Revolución de los cuerpos celestes* fue fundamental para liberarnos del dogma.

Copérnico publicó su libro en 1543, en el que plantea un modelo al que llamó heliocéntrico, con el Sol, y no la Tierra, en el centro del universo, con nuestro planeta y los demás, redondos todos ellos, girando a su alrededor. Un verdadero disparate. Copérnico propuso una idea rebuscada y herética: la Tierra no estaba fija en el centro del universo, sino que es redonda, gira sobre sí misma y alrededor del Sol. Hoy, una idea simple para quien terminó la primaria, en aquel entonces fue una auténtica revolución.

Fue en 1610 cuando Galileo se asomó al universo con un telescopio diseñado por él mismo. Con dicho invento, y horas enteras de dedicación, descubrió los anillos de Saturno, las lunas de Júpiter, las manchas solares y la inmensidad del universo, además, desde luego, de reconfirmar la redondez de la Tierra.

El 25 de diciembre de 1642 nació en Inglaterra Isaac Newton, en enero del mismo año murió en su casa de Toscana, Galileo Galilei. Murió bajo arresto domiciliario por haberse atrevido a sostener, y publicar, que la Tierra era redonda, giraba sobre su propio eje y alrededor del Sol, como ya había señalado Copérnico, y definitivamente no era el centro del universo.

Murió encerrado en su casa por negarse a ser un prisionero en su mente. Su hogar fue convertido en una cárcel, pero fue imposible hacer eso con su cerebro. Dijo lo que pensaba a pesar de la represión. Murió libre. Cada terraplanista del siglo XXI escupe en la tumba de Galileo, pone una cadena más a la libertad y es, sin saberlo, un esbirro de la tiranía.

Entre Copérnico y Galileo nació y trabajó otro genio que resultó ser de bastante utilidad para la revolución científica: Johannes Kepler. Su contribución más importante, aparecida en su libro *El misterio cosmográfico*, fueron las leyes sobre el movimiento de los planetas alrededor del Sol, que tiempo después fueron esenciales en los trabajos de Newton.

Quinientos años después de Copérnico y Galileo, nuestro planeta sigue siendo redondo, y sigue sin ser, por tanto, el centro del universo, con lo que el individuo humano deja de ser el centro de la creación. Todos esos vericuetos teológicos surgieron de una verdad científicamente comprobable: la redondez de la Tierra. Dicha comprobación científica está detrás del primer viaje alrededor del planeta y de cada viaje de placer del día de hoy.

Sir Isaac Newton fue un hombre tímido, retraído, colérico, rencoroso y sumamente vengativo. Además de todo eso fue un genio, dedicado con igual pasión a la filosofía, la física, las matemáticas, la alquimia y la religión. Estableció las bases de la mecánica clásica, explicó la naturaleza de la luz y desarrolló el cálculo diferencial e integral en salvaje competencia con Gottfried Leibniz. Cada vez que alguien dice que la ciencia es sólo una opinión, sir Isaac Newton, y Leibniz junto con él, vuelve a morir.

Newton es famoso por la ley de la gravitación universal y de la termodinámica, expuestas en su célebre *Principia mathematica*, además de sus extensos trabajos sobre óptica; pero Newton, desde luego, se nutrió del pasado, de genios precedentes como Copérnico, Kepler y Galileo. Newton fue quien fue porque había libros.

Grandes genios científicos como Copérnico, Galileo, Kepler, Giordano Bruno, Isaac Newton, Edmund Halley, Robert Boyle, Blaise Pascal, René Descartes, Gottfried Leibniz... todos ellos fueron los pilares de la ciencia moderna, pero todos ellos estuvieron parados, como señaló Stephen Hawking en el siglo XXI, en hombros de gigantes: los genios del pasado que descubrieron el mundo y escribieron libros.

El siglo XVII pudo ser el de la ciencia porque había libros e imprentas, porque pensar y expresar ideas dejó de estar prohibido, porque la innovación comenzó a ser bien recibida, porque se fundaron clubes científicos y filosóficos. En resumen, porque el conocimiento y su progreso fueron altamente apreciados por la burguesía.

Una cantidad y calidad nunca antes vistas de conocimiento fueron generadas y compiladas por los burgueses ilustrados. La libertad va de la mano del conocimiento; es de vital importancia recordar eso hoy, cuando la ignorancia es promovida desde todos los centros de poder, precisamente para limitar tu libertad.

El siglo XVIII fue conocido como la Era de las Luces, porque toda la centuria estuvo dominada en lo intelectual y filosófico por el movimiento conocido como Ilustración, la versión filosófica de la revolución científica. La fe en la razón humana como camino al progreso, una era de luz, de lógica y de método científico. Contrario a casi cualquier época anterior, el ánimo general era de confianza en la humanidad y en el futuro.

Dedicar la vida a generar, conservar y transmitir conocimiento, hasta antes de la era del libre mercado, era una actividad que sólo podía ser sostenida por instituciones económicamente poderosas, como la Iglesia, con lo que dicho conocimiento era cuestionable o, por lo menos, parcial. Pero la imprenta generó un mercado de lecturas y lectores que fue en realidad un mercado de ideas libres que no dependían del poder.

Ésa es la esencia más profunda de la democracia: el ideal de una sociedad donde cada individuo pueda generar riqueza y conocimiento de manera independiente al poder. Eso fue lo que hicieron los ilustrados; burgueses libres que tomaron en su mano la labor de la generación de conocimiento. La educación es algo demasiado importante como para dejarla en manos de la Iglesia o del gobierno.

Con la Ilustración nació así la idea de la soberanía popular: el poder no lo otorga Dios al soberano, sino que éste lo recibe del pueblo a través de un pacto social, como nos señaló Rousseau. La Ilustración terminó siendo el marco teórico de las revoluciones burguesas del siglo XVIII: la norteamericana y la francesa.

La Ilustración fue un movimiento que giraba en torno a la literatura y la filosofía, siempre con una vertiente política. Fueron tiempos en que el poder absoluto era visto como una amenaza a la libertad, y las personas discutían sobre cómo evitar la tiranía.

El barón de Montesquieu nos habló de la división de poderes en ejecutivo, legislativo y judicial, y de por qué esa división es fundamental para la libertad; Voltaire nos habló de laicismo, de tolerancia religiosa, de respeto como única opción para la libertad, de la esencia opresiva del poder, de ética y moral, y quizás encima de todo, de la libertad de expresión. Fue el hombre que nos dijo: "No comparto lo que dices, pero defenderé hasta la muerte tu derecho a decirlo". Un espíritu que ha muerto en la actual cultura de la cancelación.

Denis Diderot y Jean d'Alembert encarnan el espíritu de su siglo al ser los creadores del más descomunal proyecto intelectual generado por la humanidad hasta entonces: la *Enciclopedia*. Hoy nos parece normal que existan colecciones de libros o plataformas de internet donde uno pueda tener acceso, literal, a todo el conocimiento generado por la humanidad, pero se lo debemos a esos dos grandes pensadores, primeros en concebir tan titánica tarea: compilar y organizar todo el conocimiento acerca de todo. Consideraban el acceso al conocimiento como un paso fundamental hacia la libertad de los individuos.

D'Alembert, genio de las matemáticas, prosiguió su camino intelectual por ese sendero, mientras que Diderot se mantuvo en el camino de la política, como un férreo y fanático enemigo de la monarquía y la Iglesia. En algún momento dijo que ningún hombre sería libre hasta que el último rey fuera colgado con las tripas del último sacerdote, con lo que dejó claro que era igual a la Iglesia y la monarquía a las que tanto criticaba, que nunca hubo una verdadera revolución en su mente..., y que seguía sin ser libre.

La esencia de su pensamiento, por liberal y humanista que se presuma, sigue siendo el que ha predominado en la historia humana: hay una justificación para asesinar al que no piensa como yo. Esa justificación siempre es la venganza, aunque se disfrace de justicia, y es la esencia del eterno sufrimiento humano. Es muy importante comprender que una mente dominada por el rencor y las emociones negativas nunca será realmente libre.

En esa misma época tenemos a Kant en Prusia, elaborando la ética más hermosa que ha generado la civilización occidental; una ética humanista basada en la idea de que jamás, en ninguna circunstancia, se debe despojar al ser humano de su dignidad, tratarlo siempre como un fin y nunca como un medio. Tres siglos después, para cada político populista cada persona es una herramienta, un medio y nunca un fin.

En tiempos de la Ilustración, el pensador más importante del reino de Gran Bretaña, surgido en 1707 con la unión de Inglaterra y Escocia, fue Adam Smith, gran teórico y defensor del liberalismo. Smith es reconocido como padre del liberalismo económico, y a causa de la mala prensa que hoy día tiene el capitalismo, quizás su imagen también se ha empañado un poco. Curioso que millones y millones de muertos nunca empañen la imagen de Marx, el Che, Castro, Lenin...

Pero es importante señalar que las teorías de Smith hablan de libertad para el individuo, de buscar su felicidad, bienestar y riqueza sin que nadie, ni siquiera un rey, pueda interferir en ese crecimiento personal, que debe tener un solo límite que nunca debe ser traspasado: la ética comunitaria. El problema intrínseco a cada sistema siempre es el elemento humano, siempre es la falta de ética, que no distingue entre ningún extremo del espectro político.

El hombre es bueno por naturaleza, señaló Rousseau, y dotado de la maravillosa facultad de la razón, tiene la capacidad de autolegislarse, de imponerse límites morales y de ser soberano de sí mismo. Este individuo, racional, bueno y libre, es el único soberano de un país, y es a través de un contrato social que él deposita sus derechos y soberanía en un gobernante. Claro que esto nos dice que el gobernante democrático debería ser bueno, racional, ético y libre.

El ser humano es bueno por naturaleza y es por eso que tiene derecho a gobernarse; pero para ello debe ser racional y libre, y nadie que siga ciegamente una ideología o a un líder es racional, pues ha optado libremente por renunciar a esa facultad; y no es libre, porque sus ideas han sido determinadas por un sistema de pensamiento desarrollado precisamente para coartar la libertad.

La libertad de los tiranos

La libertad, tal y como hoy la conocemos, no tiene relación alguna con el concepto de libertad que se concebía hace tan sólo unos cuantos siglos. Para el siglo xv eras libre de actuar bien o mal, seguir o no seguir los mandamientos para lograr con ello el premio del cielo o el castigo del infierno. Paradójicamente, gran parte de esa libertad consistía en obedecer sin cuestionar y asumir dogmas sin pensar. Como en los populismos del siglo xxi.

No tenías la libertad de definir quién eras, ya que el nacimiento lo determinaba prácticamente todo. Eso no era bueno o malo. Era la realidad. Dónde ibas a vivir, en qué ibas a trabajar, con qué personas te tocaba convivir y hasta con quién te ibas a casar, estaba decidido por la tradición y el pasado.

No era sencilla la vida de ese 95 por ciento de la población que eran los plebeyos, pero no es que resultase sencilla para aquella nobleza. ¿Vivía mejor que el campesino? Desde luego, en un mundo donde era muy imperceptible esa diferencia; la pobreza o la escasez eran la condición general; la desnutrición y la enfermedad eran para todos; el concepto mismo de riqueza no existía, ni siquiera era concebible la noción de acumular y la idea de dónde vivir o en qué trabajar tampoco era parte de la libertad. Todo estaba determinado.

Los nobles sí eran un poco más libres, y ese extra en su libertad provenía, efectivamente, de que eran un poco más ricos, y de que su condición de "nobles" les daba un poco más de margen de acción; pero vivían tan atados por la tradición y las condiciones de vida como todos los demás.

El siervo feudal no era esclavo ni propiedad de nadie, pero no tenía derecho a irse de su feudo. Nadie pensaba en tal cosa. No había a dónde ir. No había mejores oportunidades en el feudo de al lado. El señor feudal sí podía viajar, pero tampoco lo hacía, para él tampoco tenía sentido. Los nobles viajaban a ver al rey y a participar en la guerra.

Eras libre de vestir como quisieras, pero no había modas que te invitaran a cambiar de ropa, ni alternativas, ni una estructura social donde pudieras comprar. No eras libre de elegir tu fe, pero sólo había una conocida y era la correcta. Eras libre de leer, si alguna vez en tu vida veías un libro, sabías lo que era y conocías el arte de la lectura. No eras libre de elegir tu vocación, porque tal concepto ni siquiera podía anidar en ninguna persona de aquellos tiempos.

¿Qué es ser libre? Esa respuesta siempre ha dependido de la época en que se viva; hoy en día puede ser más superficial o profunda que nunca. En el mundo antiguo, ser libre era no tener amo. No ser esclavo y no tener un señor que impusiera su voluntad sobre uno. En el siglo XXI no somos esclavos, y sin embargo muy pocos son libres.

Ser libre es tener la fuerza de imponer tu voluntad ante el adversario, pensaría el emperador estoico Marco Aurelio; pero el esclavo de la misma escuela filosófica, Epicteto, pensaba que era ser dueño de las propias emociones. Nerón, amo y señor del Imperio romano, no era señor de sus propias pasiones, y su maestro, el senador y filósofo Séneca, tuvo la libertad de suicidarse antes que ser ejecutado.

¿Son libres los dictadores? Pueden hacer y decir lo que quieran en el foro que elijan, pueden vivir en el palacio en que decidan, pueden dar órdenes incuestionables basadas incluso en sus caprichos. Pueden imponer su voluntad sobre cualquier otro individuo. Parecen ser el epítome de la libertad. Pero sólo el hombre que no se ha dominado a sí mismo necesita dominar a otros, y ésa es la condición fundamental de todo dictador: no suelen ser dueños de sí mismos.

Aristóteles enseñó que sólo somos libres para elegir el camino de la virtud o el del vicio, y que si elegimos este último estamos optando por la esclavitud.

Virtud es la repetición constante de los buenos hábitos, los que construyen la personalidad y moldean el carácter, y al hacerlo nos dan el potencial de la libertad. Vicio es la repetición constante de un mal hábito, cualquiera que destruya el cuerpo o la mente, cualquiera que someta, cualquiera que potencie nuestros defectos de carácter, cualquiera que nos arrebate la libertad.

Puedes elegir entre virtud y vicio, pero una vez elegido el vicio se pierde la libertad. Las condiciones de un dictador siempre lo han llevado a ser esclavo de sí mismo.

La libertad para Aristóteles es el resultado de una batalla continua contra pasiones y apetitos, es el resultado de un carácter que se trabaja; para los estoicos era ser dueño de emociones, pensamientos y pasiones; para Platón era la capacidad de discernir el bien y la verdad en medio de las ilusiones; para la visión cristiana era la capacidad de elegir la salvación a través de la ética. ¿Qué es hoy la libertad?

Hoy puedes elegir libremente casi todo. Puedes definir quién quieres ser, qué camino seguir en la vida, qué vocación elegir y qué sueño perseguir. Puedes elegir qué estudiar y cómo vestirte, qué y dónde comer, qué deporte o arte practicar, qué religión seguir, incluido el ateísmo. Puedes elegir hasta qué sexo ser y qué letras usar en las palabras. ¿Algo de eso te hace más libre?

Hoy, al igual que hace dos mil años, no es libre el que no es dueño de sí mismo, sin importar cuántas opciones superficiales le presente la vida. Como siempre ha sido, es libre el guerrero que conquista su libertad; y ese hombre libre es, ante todo, dueño de su mente; de sus emociones, pasiones y sentimientos, y, por encima de todo, de sus ideas y sus pensamientos. Si cada mañana alguien te dice qué pensar, qué decir y qué hacer, a quién odiar y a qué cosa temer, ese alguien es tu amo y señor, y desde luego que tú no eres libre.

La libertad comienza en el espacio donde reside nuestra humanidad: en la mente. Quien no es libre ahí no es libre en absoluto.

Revolución y revolucionarios, 14 de julio de 1789

Era la mañana del martes 14 de julio de 1789, y nadie en París hubiese podido saber que era el primer día de una nueva era. El día comenzó con bullicio a causa de los rumores; el rey estaba preparando un ejército para atacar a su propio pueblo, por el delito de tener hambre y salir a exigir pan.

La multitud se lanzó enardecida al grito de libertad, igualdad y fraternidad, hasta que el gobernador de la Bastilla entregó la plaza al pueblo victorioso. El poder del monarca había sucumbido ante el del pueblo. Había comenzado la revolución.

Por supuesto que las cosas no ocurrieron así, el rey nunca estuvo listo para disparar contra el pueblo y María Antonieta nunca dijo que si no tenían pan que comieran pasteles. Pero no se puede llevar a cabo una revolución sin un pueblo frustrado que esté presto a dar la vida, para que sean otras personas las que se conviertan en sus nuevos opresores; eso lo supo y predicó Lenin mejor que nadie.

El pueblo es la mentira de cada revolución, ha sido el arma de cada revolucionario y la gran masa traicionada después de cada revuelta victoriosa. El pueblo, evidentemente, aún no lo descubre.

La multitud estaba enfurecida a causa de los escritos subversivos de Camille Desmoulins, un escritor aspirante a político que, como no había logrado ser electo a la asamblea que se reunía con el rey, comenzó entonces a escribir contra ambos.

La situación, decía el revolucionario, era insostenible, y no quedaba más remedio que tomar las armas. La situación estaba lejos de ser insostenible, pero siempre hay revolucionarios que mienten y siempre ha existido alguien dispuesto a incendiar el mundo si no puede gobernarlo.

De esos revolucionarios hay muchos en la actualidad. Cuentan mentiras a diario en redes sociales, hacen discursos diseñados para alterar y manejar tus emociones, alientan la revolución mundial contra el capitalismo desde celulares inteligentes de mil dólares, argumentado —para los demás y para sí mismos— que se aprovechan del capitalismo mientras dure, pero que están listos para la renuncia que el socialismo exigirá de ellos. Mienten y esperan que no lo descubras. No les importas en lo absoluto, sólo necesitan tu constante frustración.

No era sencilla la situación de Francia en 1789. Había crisis, hambre y malas cosechas, pero la revolución no arregló nada de eso y terminó por lanzar al pueblo de Francia, y de toda Europa, a más de veinte años de guerra, en los que evidentemente hubo crisis, hambre y malas cosechas, y el campesino estuvo obligado a ir a campos de batalla para librar una guerra que en nada le iba a beneficiar sin importar su resultado.

En 1815 nuevamente había rey, y el pueblo tenía más hambre que el día de la toma de la Bastilla. La revolución por la democracia fue en 1789, y las primeras elecciones en forma se llevaron a cabo en 1870. Un poco como en

México, que tuvimos un apóstol de la democracia en 1910 y una dictadura en el siglo XX. En 2000 salimos a celebrar el triunfo de la democracia y también en 2018... y seguimos sin democracia en realidad.

El poder es esencialmente conservador por muchas razones. La más burda es quizás que se quiere conservar el poder. El revolucionario es liberal en su esencia, básicamente porque no tiene el poder; es progresista porque debe vender esa bandera, ese mito y esa ilusión a los seguidores que lo llevarán al poder, donde tardará poco en hacerse conservador. Le pasó a Robespierre, a Juárez, a Díaz, a Madero, a Lenin, a Castro, a Chávez, a Evo, a don Andrés y cada falso libertador de pueblos.

El revolucionario es el héroe del mundo moderno, el Robin Hood de la era industrial, que, guiado por ideales superiores y movido por la rabia que le provocan la injusticia y la desigualdad, toma las armas en un arrebato de desprendimiento, se entrega al pueblo y a la causa, se olvida de sí mismo (ya no me pertenezco, yo soy el pueblo) y toma el poder en medio del desinterés hacia él. El revolucionario es abnegado y altruista, nada lo hace por él mismo, ni siquiera ostentar el poder por cinco décadas. Todo es un acto de entrega.

El revolucionario está rodeado de un halo de idealismo y moralidad, es investido con la causa, que siempre parece impoluta. Por eso los revolucionarios de la historia pueden tener, como tienen, millones de muertos en su haber y salir exonerados. Ningún rey, ni la Inquisición, ni tirano alguno que haya sido derrocado en una revolución, tienen en su historial tantos asesinatos como el más pequeño de los revolucionarios.

El poder es de quien lo arrebata. Así comenzó el mundo de las revoluciones: arrebatando el poder. Luego el revolucionario proclama una narrativa donde los que arrebatan representan al pueblo, legítimo depositario de la soberanía. Ya no hay golpe de Estado sino justicia social.

Para que exista una revolución tiene que haber una clase social con potencial revolucionario; es decir, capacidad de generar por su cuenta riqueza y conocimiento. La existencia de esa clase social nos dice que las condiciones no eran tan terribles; nos habla de una sociedad que permitió el nacimiento de dicha clase.

Hidalgo no fue víctima de la injusticia como tampoco lo fue Madero, sino que estaban más bien en la parte de arriba en la ecuación de la desigualdad. No lo fueron Washington o Jefferson, Robespierre, Napoleón o más atrás Oliver Cromwell.

No fue víctima de la injusticia el camarada Lenin, mantenido por su madre, ni León Trotsky, no lo fue Marx y la única injusticia en la vida de Engels fue tener que mantener a Marx. No lo fueron Carranza y Obregón ni de forma alguna Simón Bolívar. El revolucionario usa el malestar de la injusticia a su favor. Vive de la injusticia, pero no le interesa solucionarla. Vive de las narrativas.

Es importante señalar que el gran desarrollo económico, político, artístico, cultural e intelectual que se generó en Europa en manos de la burguesía fue ampliamente apoyado y motivado por los monarcas; no se hubiera dado de no ser así. Eran sociedades con mucho menos censura de la que podremos encontrar en cualquier sociedad comunista que se haya desarrollado a partir de 1917, que en términos generales giraron en torno a la dictadura, la opresión y el pensamiento único. Eso, disfrazado de libertad, es lo que venden los comunistas de hoy, escondidos tras la bandera progresista.

Los camaradas del siglo xx comprendían perfectamente los procesos revolucionarios, sabían que habían llegado al poder con una revolución y, por añadidura, podrían ser removidos con otra. Era fundamental para ellos evitar la posibilidad misma de una nueva revolución. Su lucha era la última batalla, su revolución el último levantamiento, y cada uno de ellos, el líder que la humanidad estaba necesitando.

Todo revolucionario populista o comunista busca que él o su grupo permanezcan en el poder para siempre; por eso arrebata desde el primer instante las dos facultades revolucionarias. Apenas toman el poder, comienza el desmantelamiento de las estructuras productivas, con el objetivo de empobrecer sistemáticamente al país e impedir su recuperación; también meten las manos de forma inmediata en la educación, en la mente de los niños. Riqueza y conocimiento, las dos cosas que todo comunista o progresista busca dominar para ejercer control sobre ti para siempre.

Es imprescindible para el revolucionario arrancarle a la sociedad el potencial de iniciar una nueva revolución; esto es, impedir la existencia de sectores que tengan la capacidad de generar riqueza y conocimiento por su cuenta, y poder así remover del poder a quienes lo han arrebatado sin intención alguna de dejarlo nunca. Todo socialismo revolucionario ha girado en torno a eliminar las capacidades productivas y críticas de su sociedad.

Libertad de credo, de pensamiento y de expresión. Estas tres son prohibidas en los regímenes populistas, porque el pensamiento crítico es el mayor peligro para los que aspiran a aferrarse al poder. Tu pensamiento crítico es una facultad a la que debes aferrarte por encima de líderes, ideologías, causas o religiones; es el espacio donde se ejerce tu libertad.

En aquella época se creía que lo normal era que todos en un mismo país pensaran básicamente igual. Justo como los socialistas bolivarianos del siglo XXI, o los soviéticos del siglo XX, o los chinos... Parece que es un tema del comunismo.

Lo anterior es muy importante. Hoy decimos que valoramos la diversidad de opiniones, de creencias, posturas ideológicas y de inclinaciones sexuales, lo cual es bastante cuestionable en este mundo de tolerancia de una sola vía. Es fundamental recordar que, si no aprecias la libertad de expresión de aquel que tiene opiniones contrarias, no aprecias la libertad en absoluto.

Pero vamos a asumir que de verdad nos gusta la libertad de todo; eso es una novedad que se comenzó a desarrollar a partir del fin de la Segunda Guerra Mundial y sólo en las democracias. Hasta ese momento, prevalecía la idea de la uniformidad. Dos de las tres posturas políticas que se enfrentan en dicho conflicto: democracia, fascismo y comunismo, giran en torno al pensamiento unificado.

Mismo idioma, misma religión, misma lengua y misma raza fueron el sustento de los nacionalismos que fueron sustituyendo a la religión. El fascismo no es sino la culminación de eso.

Al igual que en los fascismos, en el comunismo de Stalin, de Mao, de Pol Pot, de Castro, de Chávez, de Maduro, de Ortega, todo es unificado también. Un solo pueblo, el que define el dictador, y una sola forma de ser parte de dicho pueblo, una sola ideología, una sola manera de pensar y ver el mundo, una sola postura política, sea estalinismo, maoísmo o chavismo, en cuyos nombres vemos las pretensiones divinas de sus fundamentos.

La ideología soy yo. En ese remedo barato de religión terminó el mundo democrático, libre y laico, construido sobre los ideales ilustrados. Los grandes revolucionarios jamás se han dedicado a generar una verdadera revolución en su interior, siempre quieren cambiar a la sociedad, y dicho cambio implica que la nueva sociedad debe funcionar según las ideas del revolucionario.

La revolución es un impulso que viene desde abajo, porque no puede ser de otra forma; hay una fuerza de transformación cuyo motor sólo puede ser el descontento de quienes no son beneficiados por la actual estructura. En el discurso buscan que los beneficios sean para todos, en la práctica los quieren para ellos, por más que se convenzan a sí mismos de lo contrario.

El de abajo no está en contra de la desigualdad, está inconforme con su lugar en la ecuación. Le parece evidente que la sociedad debe ser transformada, y tiene razón. Pero una vez que un nuevo individuo o grupo, con la misma mente egocéntrica de todos los humanos, tome el poder, se termina la revolución. El nuevo objetivo es conservar el poder.

El individuo es moldeado por la sociedad, pero la sociedad está conformada por individuos. En este pequeño círculo mortal está la gran trampa que impide las verdaderas transformaciones sociales: el individuo que es moldeado por la sociedad no tiene forma alguna de transformarla, porque es un resultado de ella. No hay forma de que el pretendido revolucionario escape a esta realidad.

Si tu mente ha sido moldeada por la sociedad, y no puede ser de otra forma, es una réplica en pequeño de aquello que quieres transformar. Si tu mente está absorbida por el pasado, y lo está, porque ésa es la naturaleza de la mente, no tienes de dónde sacar algo nuevo. Eres el pasado contra el que te rebelas, y eso es una serpiente que se muerde la cola.

La única novedad que puede aportar un revolucionario es la reacción. Reacciona contra la estructura a la que se rebela, y entonces propone la negación de dicha estructura. Sigue siendo esclavo de la sociedad y del pasado. La reacción, además, es violenta en su esencia, y de dicha raíz sólo podrá germinar algo violento. La revolución es una guerra sin fin. La revolución se alimenta de sí misma.

4

EL FANTASMA DE LA IGUALDAD

> *Si sólo quieres seguridad total ve a la cárcel.*
> *Te alimentan, te visten y te dan cuidados médicos.*
> *Sólo tienes que renunciar a tu libertad.*
> DWIGHT EISENHOWER

El fantasma del comunismo, 21 de febrero de 1848

Un fantasma recorre Europa: el fantasma del comunismo. Contra este espectro se han conjurado en santa jauría todas las potencias de la vieja Europa, el Papa y el zar, Metternich y Guizot, los radicales franceses y los polizontes alemanes. No hay un solo partido de oposición a quien los gobernantes no motejen de comunista, ni un solo partido de oposición que no lance al rostro de oposiciones más avanzadas la acusación estigmatizante de comunismo...

El 21 de febrero de 1848 fue publicado en Inglaterra el célebre *Manifiesto del Partido Comunista*, en el que Marx expone por vez primera aquella máxima de que la historia de la civilización es la historia de la lucha de clases, una eterna guerra entre explotadores y explotados, donde cambian los nombres de dichos antagónicos, así como la estructura en la que se desarrolla su batalla, pero nunca la relación de explotación y la lucha continua.

La lucha de clases es el motor de la historia y ha existido desde el inicio mismo de la civilización. Ése es el dogma fundamental del marxismo; una sentencia teórica sin el menor sustento; aun así, es también el dogma menos cuestionado, quizás porque parece lógico y sensato, y porque denuncia una situación social que sólo puede parecernos injusta, por lo que luchar contra ella es todo un lance, una causa, una cruzada.

No es justo que unos trabajen y sean otros los que vivan de la riqueza producida por ese trabajo. No es justo que el holgazán y el vividor vivan del trabajo de los demás. Lo único correcto y ético es que cada uno viva del fruto de su esfuerzo sin arrebatar nada a nadie. Desde esta óptica, cien por ciento marxista, todos los revolucionarios y políticos son parásitos explotadores, siempre siguiendo la propia terminología socialista.

Si entendemos explotado y explotador, según la definición marxista, e izquierdista en general, como el que genera la riqueza contra el que se la apropia y la disfruta sin haberla generado, el empresario no es explotador, y de hecho no ha existido mayor explotador en la historia de la humanidad que el que ha disfrutado todo sin producir nunca nada: el político, principalmente, el marxista.

Según el *Manifiesto comunista*, los explotadores tienen dos factores a su favor: la propiedad privada de los medios de producción, es decir, son dueños de aquello con lo que se produce la riqueza; y que al ser la clase pudiente tienen bajo su poder el control de la ideología: el conjunto de ideas que rigen a la sociedad, por ejemplo, que el faraón es Dios, que al rey lo nombró Dios... o que al presidente lo nombró el pueblo.

Pero bajo el comunismo, el partido de Estado es dueño de todos los medios de producción y es el gran generador de la ideología en la que religiosamente todos deben creer. No hay nada más opresor. NO es sólo quitar riqueza y conocimiento, sino impedir la posibilidad de que el individuo sea libre y los obtenga por su cuenta.

Marx hace un análisis histórico donde deja claro que la burguesía fue la primera clase social revolucionaria, crucial para acabar con los poderes del Antiguo Régimen, como la Iglesia y la nobleza, pero también expone que, conforme los burgueses se fueron apropiando del poder y de los medios de producción, terminaron por establecer la misma explotación, sólo que con mitos distintos.

Lo que no señaló, y no quiso ver Marx, y ningún marxista en adelante, es cómo los que tomaron el poder con su discurso como pretexto, y el pueblo como bandera, terminaron por hacer exactamente lo mismo. La falla del sistema ha sido siempre el elemento humano. Todo será siempre un tema de ética.

El concepto de igualdad puede sonar hermoso, pero con la tergiversación de dicho concepto de la Revolución francesa se han llevado a cabo las peores tiranías de la historia. Cada revolución que ha prometido igualdad a sus seguidores les ha arrebatado libertad y dignidad hasta igualarlos a todos en el nivel más bajo de la sociedad; muy debajo de los camaradas opresores que disfrutan de los privilegios.

En un sistema de libertades económicas siempre habrá ricos y pobres; eso es verdad. En el comunismo, para evitar esa injusticia, sólo hay pobres. En la libertad tienes oportunidad, en el comunismo estás condenado.

Desde la pobreza extrema, la riqueza sólo puede parecer injusta. Pero la pobreza extrema nunca ha sido resultado de la libertad económica, sino de terribles condiciones económicas, políticas y sociales; no existe en sociedades desarrolladas y libres donde la inmensa mayoría es clase media. Siempre ha surgido donde hay dictadura, opresión, violencia, corrupción, mala administración... o comunismo.

El sistema de libertad económica es difícil; pero es también la realidad de la vida: hay que trabajar para salir adelante, porque, así como a nadie le importa tu felicidad más que a ti, tampoco a nadie que no seas tú le importa tu desarrollo económico; desde luego, no a los líderes populistas que, siguiendo el más fundamental esquema clásico del liberalismo, sólo están interesados en su felicidad y en su riqueza. Precisamente a ellos no les importa que sea por encima de la tuya.

Pero sólo en un sistema de libertad se tiene la oportunidad de generar riqueza y conocimiento, ser dueño de ti mismo y de tu propio proyecto; mejorar el nivel de vida, tener sueños y aspiraciones. En el comunismo esa posibilidad simplemente desaparece, está arrancada de raíz.

Dwight Eisenhower, el presidente de Estados Unidos, que dirigió militarmente las acciones de la Segunda Guerra

Mundial, nos dejó claro que el comunismo es una cárcel... Quizás por eso todos quieren escapar. El comunismo te ofrece sobrevivir, vender tu libertad por casa, comida y sustento. Parece atractivo, pero el precio siempre será muy alto.

Evitar que unos cuantos sobresalgan puede parecer justicia, pero es la articulación moral de la envidia. Las sociedades construidas en la libertad se han acostumbrado a admirar e imitar al que sobresale. Las sociedades basadas en la igualdad han sustituido la admiración por la envidia, y educan a los individuos en la alegría malsana de despojar al que tiene. No hay forma de ser libre con ese veneno en el alma.

Muere Napoleón y nace la modernidad

Napoleón murió en Santa Elena el 5 de mayo de 1821, y la última exhalación del emperador acompañaba nuevos aires de libertad en la Europa de la Restauración.

El derrotado Napoleón Bonaparte desembarcó en la isla de Santa Elena, en el Atlántico sur, entre África y Sudamérica y a más de mil kilómetros de la costa más cercana, el 17 de octubre de 1815. Lo acompañaba un séquito de veintitrés personas, y lo custodiaban más de dos mil soldados británicos. Así terminaban veinte años de guerra y baño de sangre en Europa tras la Revolución francesa.

Mientras el emperador comenzaba su más amargo exilio, los poderosos de Europa estaban reunidos en el Congreso de Viena, una asamblea internacional para restablecer fronteras y monarquías. Al resultado se le llamó la Europa de la Restauración, y fue una profunda reacción conservadora contra las ideas liberales de la Revolución francesa. Veinte años de guerra continua y cinco millones de muertos hicieron conservadores a todos.

Los monarcas volvieron. Fernando VII regresó al trono español y restableció el absolutismo. Lo mismo ocurrió en Portugal, donde João VI había huido de Napoleón y contempló todo desde Río de Janeiro. El hermano de Luis XVI se colocó la corona francesa con el título de Luis XVIII, y el archiducado de Austria, ascendido a imperio, dominaba el centro y este de Europa, donde hacía frontera con el Imperio ruso más grande de la historia, en el que el zar Alejandro I era también rey de Polonia y gran duque de Finlandia.

Parecía haber ganado la contrarrevolución, la reacción conservadora. Todo parecía igual en las formas: monarcas señalados por el dedo de Dios, pero el fondo se transformaba. Los reyes comenzaron a ser coronados con una adaptación en su juramento, pequeña pero gigantesca: rey por el designio de Dios y el consentimiento del pueblo. Una vez que el pueblo es necesario para que se haga la voluntad de Dios, es el Todopoderoso quien ha perdido el poder.

Dios había abdicado en favor del pueblo. Las narrativas religiosas de poder e identidad perdieron su fuerza y las ideas ilustradas y liberales iban en auge. Cayeron también las antiguas lealtades relacionadas con la religión: a Dios, a la Iglesia y al rey; así como los valores colectivistas y gremiales. Llegaba la era de la razón y del individuo libre que se venía configurando desde el Renacimiento.

Y, sin embargo, había monarcas en toda Europa, con esquemas parlamentarios que les restaban muy poco poder, pero que los obligaban a negociar y dialogar en vez de imponer. Conforme fue pasando el tiempo, a lo largo de todo el continente, los reyes fueron recuperando poco a poco su poder.

La primera oleada de descontento comenzó en España en 1820, cuando una revolución obligó a Fernando VII a jurar la Constitución de Cádiz de 1812, considerada por liberales de toda Europa como un modelo a seguir.

La noticia llegó a Nápoles, y en julio de 1820 en el reino de las dos Sicilias se vivían sublevaciones exigiendo establecer la Constitución de Cádiz; misma exigencia surgió en el reino de Piamonte en marzo de 1821. Un ejército francés conocido como los Cien Mil Hijos de San Luis invadieron España para restablecer el absolutismo, y el Imperio austriaco hizo lo mismo en los reinos italianos. La reacción conservadora se mantenía en el poder.

¿Qué exigían los liberales de 1820? Lo mismo que pedirán los de 1830 y los de 1848: limitar el poder del monarca, una constitución que estableciera el Estado de derecho, división de poderes, un parlamento con representación popular y, desde luego, un Estado eficiente con menos impuestos y más libertades, particularmente de pensamiento, expresión, prensa y mercado. Todos los movimientos fueron contenidos.

En 1830 la revolución volvió, esta vez de nuevo en Francia, cuando estudiantes y ciudadanos de clase media salieron a las calles de París, donde las tropas de la guardia nacional se unieron al pueblo contra los ejércitos del rey Carlos X, quien se vio obligado a abdicar y salir huyendo. Los diputados de Francia eligieron a un nuevo rey, Luis

Felipe de Orleans, conocido como el rey ciudadano. No era rey de Francia por mandato divino, sino de los franceses por pacto con ellos.

La ola revolucionaria se extendió por toda Europa: Bélgica se separó de Países Bajos y Grecia obtuvo su independencia del Imperio otomano; y hubo levantamientos en Polonia, Italia y España que fueron sofocados.

¿Por qué había tantas revoluciones? Por un lado, la reacción conservadora de las potencias europeas fue muy radical y se coartaron muchas libertades; por otro, los movimientos nacionalistas amenazaban con destruir los viejos reinos e imperios de composición multinacional y, como un factor fundamental, había una gran transformación económica que estaba destruyendo todas las estructuras tradicionales en las que de alguna u otra forma la sociedad ya sabía convivir.

El nuevo mundo capitalista y comercial imponía nuevas costumbres, formas de consumo, maneras de ver el mundo y, desde luego, nuevas formas, complejas y desconocidas de producir, consumir, trabajar y generar riqueza.

No es que hubiera una crisis como tal. No es que no se generaran riqueza, alimento, bienes y servicios. Europa era más productiva que nunca y la economía no dejaba de moverse; pero los cambios tan vertiginosos de esta revolución industrial estaban impulsando una nueva economía a la que nadie aún se acostumbraba, y en la que muy pocos sabían sobrevivir.

Desde el inicio de la civilización y hasta el siglo XVIII, la humanidad construyó ciudades, transportes, armas, presas, diques, palacios y templos, contando con una sola y principalísima fuente de energía: el músculo humano y animal. Todo cambió alrededor de 1760, cuando James Watt perfecciona y patenta la máquina de vapor.

El carbón extraído de las entrañas de la tierra puede calentar agua en calderas, y la presión del vapor puede mover pistones. En ese año servían para echar a andar máquinas textiles y para 1820 impulsaban locomotoras.

Los combustibles cambiaron el mundo; primero carbón, luego electricidad y después petróleo forjaron el mundo en que vivimos. Con todo lo bueno y todo lo malo. Con máquinas y producción en línea se podía producir cien o mil veces más que antes, con lo que se podía vender y ganar mil veces más que antes, y dar mejores precios a los consumidores.

Pero no había forma de que los diversos gremios de artesanos compitieran con ese nuevo poder; y sin las estructuras tradicionales de la monarquía, ya no tenían la protección de la Corona. Gremios y talleres fueron cerrando y desapareciendo; y los tradicionales artesanos, ahora desempleados, no tuvieron más opción que adaptarse al nuevo mundo y comenzar a trabajar en las nuevas fábricas.

Estas factorías eran cada vez más prósperas, crecían, abarcaban más mercado y eran cada vez más invencibles para todo aquel que siguiera atado a los antiguos métodos de producción. No era sencillo el nuevo mundo que estaban construyendo los burgueses más empoderados, a los que ya podemos llamar empresarios y capitalistas.

Las ciudades se iban convirtiendo en grandes polos de producción de riqueza, pero a un ritmo tan desmedido, que no se daban abasto para acoger a las grandes olas migratorias que fueron dejando el campo. El problema era que la ciudad no producía alimentos, y el campo se iba quedando vacío.

Pero esas ciudades crecieron en absoluto desorden, sin servicios, sin suministro alimentario, sin fuentes suficientes de agua potable, sin sistemas de alcantarillado que alcanzaran, sin una oferta de construcción de vivienda para acomodar a tanta sobrepoblación... Todo lo anterior generó enfermedades, sufrimiento, miedo, violencia, crimen..., y nadie parecía poner atención a las condiciones tan terribles que tenía que enfrentar gran parte de la población para aprender a vivir en ese nuevo mundo.

Como resultado de que las ruedas de la industria no dejaban de moverse, fue surgiendo el nuevo gran protagonista de la sociedad y la próxima clase revolucionaria: el proletariado.

No hay nadie más necesario que el proletario para mover los engranes de este nuevo mundo, y sin embargo nadie lo padecerá más que él. No hay nadie más necesario, pero al mismo tiempo no tiene espacio en la nueva sociedad. Nunca había existido. Miles de años de historia social nos habían ofrecido siempre a campesinos, artesanos y comerciantes en la base, y a guerreros, sacerdotes y reyes en la cúpula.

Había espacios, leyes, tradiciones, costumbres, rituales, fueros y privilegios distintos para cada sector social, y la Corona era la institución que arbitraba entre todos. No había lugar para este nuevo protagonista desconocido de la sociedad, y nadie velaba por él.

En ese nuevo orden faltaba un nuevo discurso legitimador del poder para llenar el espacio que fue dejando la religión. Comenzó a nacer uno de los discursos de alienación más poderosos de la historia, pero también de los más eficientes: el nacionalismo, una nueva religión en la que el Estado ocupaba el lugar de Dios, y era igualmente venerado. Otra ideología para entrar en la mente del individuo y arrebatarle esa individualidad.

Ahora la sociedad era un contrato, como ya habían señalado tantos teóricos, desde absolutistas como Hobbes hasta liberales como Locke. El pueblo, amo, señor y soberano, cedía voluntaria y racionalmente esa soberanía en un gobernante, que debía administrar los recursos y regular a toda la sociedad, coordinar el esfuerzo colectivo para hacer grande y poderosa a la patria. El nuevo Dios.

Con base en la lengua se fue estableciendo la idea de la raza, y con base en la lengua y la raza se fue cimentando la nación: el colectivo eterno del que somos parte, como algo superior y trascendente a nosotros. Moriremos como individuos, pero seremos inmortales a través de la nación y los esfuerzos que hagamos por ella, principalmente morir, sea en las minas de carbón o en los campos de batalla.

El discurso legitimador debe ser inoculado en la mente de cada individuo para que exista el sometimiento sutil en que se fundamenta toda sociedad. A Dios como garante lo impuso la Iglesia a lo largo de siglos, y por todo lo ancho de Europa a través de los templos; el mejor recurso para introyectar en las masas el discurso nacionalista fue el sistema educativo, que precisamente estaba naciendo en esos tiempos.

Que todos los individuos estudien está lejos de ser algo común en el devenir histórico, es uno de los principales fenómenos del mundo moderno. Las sociedades fueron bastante estáticas desde el origen de la civilización hasta la era de la burguesía; el fundamento de todo era el campo, y el campesino nunca había tenido que estudiar para conocer los secretos de la tierra; éstos se aprendían de los padres, al igual que los oficios de los artesanos, cuyos conocimientos se resguardaban en los gremios. No era necesario estudiar para ser una réplica exacta de milenios de pasado.

Pero iniciaba a todo vapor una Revolución industrial, y la nueva sociedad se movía de manera vertiginosa. Cada día nacían nuevas ideas, se inventaban nuevas máquinas, se proponían más innovaciones, se construían nuevos entramados jurídicos, se necesitaban más vendedores y publicistas, administradores y contadores.

Elegir qué estudiar es un fenómeno del siglo XX, antes no existía tal cosa como la vocación, determinada por la tradición. Una nueva forma de trabajar requería de un nuevo modo de aprender.

Fue en la Prusia del siglo XVIII cuando Federico el Grande estableció un sistema en el que la educación era laica, gratuita y obligatoria. Laica para que la Iglesia no la usara como adoctrinamiento, labor que ahora recae en el Estado; gratuita, porque se entiende como una inversión, no para el individuo sino para el Estado, que fue a partir de entonces una gran empresa en competencia con otras; y obligatoria, porque a través de ella serían inculcados los nuevos valores que la sociedad necesitaba.

En las escuelas se comenzó a enseñar la nueva doctrina según la cual Dios y la fe eran una opción, pero el Estado era incuestionable. Los santos de la religión cambiaron por héroes nacionales, las cruces por banderas, los cantos por himnos y los dogmas bíblicos por historias nacionales atiborradas de mitologías nacionalistas. Lo primero que se enseñaba, desde luego, era a callar y obedecer.

Hacia 1848 todo el continente era monárquico y conservador, pero, como señaló Alexis de Tocqueville, la revolución hacía temblar la tierra bajo Europa.

Los fantasmas de Europa

En enero de 1848 el fantasma de la hambruna recorría Europa, como resultado de tres años de mal clima, cosechas malogradas y gobiernos incompetentes. A pesar de las malas condiciones climáticas, las hambrunas históricamente nunca han sido provocadas por falta de alimento, sino por terribles decisiones administrativas que obstaculizan el transporte, la logística y la transacción comercial en sí misma.

En el sur de la península itálica, el reino de las dos Sicilias, de Fernando II de Borbón, languidecía. Hambruna en uno de los territorios más fértiles de Europa, resultado de que un monarca sin hambre implantara leyes agrarias sin ser agricultor ni consultar con ellos, e impusiera precios cuando nunca había comprado nada.

Las desastrosas reformas económicas del rey unieron a terratenientes y campesinos en su contra. Su reino sería testigo del primer levantamiento de la gran oleada revolucionaria de 1848. En Palermo, capital siciliana, la multitud enardecida cargó contra las tropas reales y las expulsó de la ciudad. Se formó un consejo de gobierno y se declaró la independencia.

La llama siciliana se extendería como reguero de pólvora. Las noticias llegaron a Nápoles, y el 29 de enero comenzaron los levantamientos contra el mal gobierno. En marzo, el fuego revolucionario prendió en Turín y todo el reino de Piamonte. Antes de que terminara el mes, los ciudadanos de Milán y Venecia expulsaron a las tropas del imperio austriaco del que eran parte.

Los levantamientos en las dos Sicilias, Piamonte y el Imperio austriaco se resolvieron promulgando constituciones que definían derechos y limitaban el poder del monarca. Pero en Francia toda revolución es exponencial, y Luis Felipe I, en el trono desde 1830, tuvo que abdicar tras las jornadas del 23 al 25 de febrero, en las que, a causa de la censura, una serie de manifestaciones devinieron en caos, y treinta mil soldados que salieron a las calles se sintieron impotentes ante las mil quinientas barricadas que se formaron en las calles de París.

Tras el asesinato de cincuenta y dos ciudadanos por parte de las tropas, el rey huyó del país y fue proclamada la república. La monarquía francesa cayó en sólo tres días de disturbios. La noticia se extendió por toda Europa a través del telégrafo y propició más levantamientos.

El 13 de marzo de 1848, cuatro mil estudiantes marcharon en Viena hacia la sede del parlamento, se enfrentaron con las tropas y murieron cuatro manifestantes. El canciller prusiano, Klemens von Metternich, hombre fuerte del imperio desde 1815, renunció a su cargo. El emperador Fernando abdicó a finales de ese mismo año.

Tras París y Viena siguió toda Europa. Habría levantamientos a todo lo largo y ancho del Imperio austriaco, en Zagreb, en Budapest, en Belgrado; y más allá, en Berlín, Praga, Varsovia, Londres. Hacia abril de 1848, todo el continente europeo era campo de revolución.

Fue en medio de esta ola revolucionaria, el 21 de febrero de 1848, cuando vio la luz el *Manifiesto comunista*, es decir que no fue el discurso incendiario de Marx el que propició los levantamientos. De hecho, ninguna revolución de la llamada Primavera de los Pueblos fue de carácter comunista, sino democrático liberal. Cada manifestante pedía voto, libertad, derechos y parlamentos, ninguno de los cuales existe en el comunismo.

Hambre y mal gobierno comenzaron los levantamientos liberales de la Primavera de los Pueblos. La especialidad de un revolucionario profesional es precisamente aprovechar las crisis y los conflictos, que siempre existen en la sociedad, para plantearlos como una crisis fundamental de injusticia que se resolverá para siempre cuando ellos lleguen al poder.

Había conflicto social en el invierno de 1848, y la Liga Comunista decidió aprovechar el ánimo revolucionario de todo el continente para incendiar las pasiones de los obreros y hacer comunista la revolución. No lo lograría, pues el carácter liberal y nacionalista de los levantamientos chocaron con el ideal marxista, pero quedó sembrada la semilla de la revolución proletaria internacional.

La historia de la civilización es la historia de la lucha de clases. La mentira más famosa del siglo XIX, y, aun así, la narrativa sobre la que siguen construyéndose las izquierdas del siglo XXI.

Lucha de clases y revolución son dos fenómenos producto del mundo capitalista moderno; es decir, dos productos de la revolución de la libertad de la burguesía. Antes de eso no hubo ni clases ni lucha, y antes de que hubiera burguesía, tampoco había revolución, ni posibilidad de luchar por uno mismo.

En la historia de la humanidad, el individuo siempre ha sido convocado a luchar por algo o alguien más: Dios, libertad, patria, causa, pueblo… Liberarte de ideologías, luchar por ti, es la esencia de la revolución de la libertad.

Desde el origen de la civilización, según la visión de Marx, la sociedad está dividida en explotadores y explotados. El que no posee sus medios de producción está obligado a ser explotado, y trabajar para sólo sobrevivir. Desde el antiguo Egipto hasta nuestros días. Esto nos lleva a que la injusticia social no es efecto o culpa del capitalismo, que simplemente encontró nuevos medios y formas de aprovechar la injusticia en la que se sustenta la civilización misma.

La esencia de todo lo que hemos sido los últimos quince mil años está intrínsecamente sustentada en la desigualdad: filosofías metafísicas, obras de arte majestuosas, sinfonías sublimes, templos, palacios, catedrales; renacimientos, ilustraciones y ciencia. Ninguna de las majestuosas manifestaciones culturales, de los grandes templos de pasado, de las esplendorosas maravillas del mundo, o de los grandes sistemas filosóficos, existiría sin la desigualdad que es inherente a la civilización.

Si el hecho de no ser iguales ha generado la filosofía platónica, la obra literaria de Shakespeare o la *Novena sinfonía* de Beethoven, quizás sea necesario reflexionar sobre el valor de la desigualdad. No somos iguales. Cada uno es un individuo único e irrepetible, con sus muy particulares talentos y pasiones, creatividad y capacidades, y cada uno tiene el potencial de entregar con eso una joya de inestimable valor a la humanidad.

Si todos fuésemos iguales, nadie sería necesario. Si todos fuésemos iguales tu existencia sería inútil. Es el hecho de ser distintos, únicos e irrepetibles, nunca iguales, lo que nos da valor.

A pesar de que la disparidad social está en el origen mismo de la civilización, como uno de sus cimientos, en la mayor parte de la historia no hubo luchas por abolir esa inequidad. Para que haya lucha de clases tiene que haber clases que luchen, y esas llamadas clases son un producto social del siglo XIX. Antes de eso había estamentos, y son muy diferentes.

La idea de estamento acompañó a las culturas humanas desde el origen mismo de la civilización. Es un estado de nacimiento: noble o plebeyo, paria o brahmán, guerrero o comerciante, pipiltin o macehual. Es irrenunciable e inamovible, está indisolublemente atado a tu esencia por algún tipo de voluntad divina. No depende de ganar más o menos dinero. Es la esencia de tu ser, un estatus ontológico.

Esa idea mantuvo en orden a las sociedades preindustriales, porque esas sociedades crecían poco y cambiaban muy despacio, todo se sustentaba en la tradición, y la aportación y el rol social se aprendía de los ancestros y no se cuestionaba. Los estamentos no daban lugar a las luchas porque no tenía sentido, las personas conocían el lugar que les correspondía, según el relato en el que creían, y sabían que habría algún tipo de recompensa por asumir estoicamente su lugar.

Reyes, gobernantes, guerreros y sacerdotes ocuparon siempre el lugar de arriba. En la parte de abajo siempre estuvieron comerciantes, artesanos y campesinos, sostén de toda sociedad. Sin importar cuán rico pudiera ser el comerciante, su lugar en la sociedad fue claro durante milenios, abajo. Los comerciantes de la Europa del siglo XVIII, la burguesía ilustrada, se reveló contra toda una estructura milenaria. Los mercaderes salieron de la parte de debajo de la pirámide y tomaron el poder.

Rompieron con ello una estructura social milenaria e inamovible. Que tú puedas preguntarte hoy cuál es tu vocación y qué quieres hacer con tu vida es gracias a la era de la libertad, inaugurada por la revolución de la burguesía.

Al rechazar el mito del derecho divino de los reyes, de Dios señalando gobernantes, se rechazó también la estructura tradicional de la sociedad, que entraba además en una era industrial. Nacieron las clases sociales, entendidas como una estructura en la que era posible ascender.

Hay lucha de clases desde que hay clases que luchan, y eso fue a partir de la Revolución industrial. La mentira de Marx radica en hacer de esa lucha una injusticia de cinco mil años. Pero es así como un proletario frustrado por treinta años de inequidad puede sentir la rabia de una injusticia histórica que se ha cometido contra él desde el inicio de los tiempos. Ahora es carne de cañón para la revolución.

La civilización nació de la mano con la agricultura y la sedentarización. Para vivir de la tierra hay que vivir en la tierra, poseerla, dominarla, explotarla y protegerla. Para vivir de la tierra es necesario dividir el trabajo social, esa división requiere estructura y mando, y una administración de los recursos socialmente obtenidos.

Unos deben sembrar y cosechar, otros administrar y regir, otros pelear y proteger; y otros tantos deben satisfacer las necesidades resultantes de habernos establecido: servicios, transporte, comercio. Civilizar es hacer ciudad. Si fuésemos iguales nunca habríamos desarrollado civilización, ciencia, arte o cultura.

La sociedad se fue haciendo más compleja desde su nacimiento, pero siempre girando en torno a la estructura, la cadena de mando y de especialización, la división de conocimientos, trabajo y responsabilidades, el orden, la autoridad, el gobierno.

Una estructura vertical de poder, a la que llamamos pirámide sólo porque abajo somos mucho más que arriba. Por eso parece pirámide, pero no lo es. Una pirámide puedes escalarla, una vertical de poder no. La obsesión de dominio también arrebata la libertad.

La gran facultad del individuo libre en los tiempos actuales es vivir bajo un esquema que le permite generar riqueza y disfrutarla, construir conocimiento y aprovecharlo, dedicarse a los placeres contemplativos o la búsqueda de la trascendencia. Todas las versiones de comunismos, progresismos y populismos le han quitado valor a los goces del espíritu. No les importa la humanidad. Todo es ideología.

El mercado no es un invento del capitalismo sino de la civilización misma; lo mismo ocurre con la injusticia. Con un discurso superficial, suena justo luchar contra el libre mercado, pero no te dicen que eso significa pelear contra quince mil años de inercia en la historia de la civilización, y que perderás. No te lo dicen porque así, frustrado y enojado, es como te necesitan los que te usan como combustible político o de cualquier otro tipo.

Parece justo dar batalla contra el monstruo, pero esa guerra es mentira si sólo te cuento partes de la historia. Suena sensato desmantelar el neoliberalismo. Es absolutamente lógico entablar una batalla a muerte, porque quienes la dirigen saben que no lo aniquilarán, y no les interesa en lo más mínimo.

Paradójicamente, el capitalismo liberal en el que vivimos, el de las más evidentes injusticias, es el sistema que más herramientas y posibilidades otorga para poder erradicar de una vez y para siempre la injusticia social. Es por algo muy simple: es el sistema que más riqueza genera. Lo demás es un tema de prioridades, administraciones y, por encima de todo, educación y conocimiento.

La idea de destruir y comenzar de cero, que tuvieron los franceses de 1789 y los bolcheviques de 1917, los jemeres camboyanos de la década de 1970, o los cubanos, los venezolanos y todos los engendros bolivarianos, nunca ha funcionado porque está basada en una fantasía.

Los revolucionarios se empoderan en la estructura en lugar de destruirla, pero no la hacen funcionar mejor y nunca llega la tan añorada, tan prometida y tan manoseada justicia social. No llega, porque al revolucionario liberal, ahora poderoso conservador, no le interesa que llegue.

El conflicto es la fuente de su poder y la injusticia permanente es el combustible para el conflicto. La justicia no llegará nunca porque el que toma el poder es igual o peor que aquel que ha sido derrocado. Todo es ilusión excepto el poder.

Revolución proletaria internacional. Europa, 1848

El final del *Manifiesto comunista* es tan célebre como su principio, y es una invitación abierta a la revolución:

> Los comunistas no tienen por qué guardar encubiertas sus ideas e intenciones. Abiertamente declaran que sus objetivos sólo pueden alcanzarse derrocando por la violencia todo el orden social existente. Tiemblen, si quieren, las clases gobernantes, ante la perspectiva de una revolución comunista. Los proletarios, con ella, no tienen nada que perder, como no sea sus cadenas. Tienen, en cambio, un mundo entero que ganar. ¡Proletarios del mundo, uníos!

Hubo dos grandes protagonistas sociales en el siglo XIX: la burguesía y el proletariado. La burguesía es la inventora del mundo moderno, con todo lo bueno y todo lo malo: la ciencia, la filosofía, el arte, la democracia, los derechos civiles; la destrucción del ambiente, la producción irracional, la industria de la guerra, la desigualdad. Ese mundo financiado por el burgués fue construido con las manos, el sudor y el trabajo de la clase social surgida de la Revolución industrial: el proletariado.

La era de la revolución abrió una puerta muy peligrosa. El derrocamiento monárquico y el pueblo como nuevo legitimador político generaron, cual sofistas de la antigua Atenas, una oleada de intelectuales de la revolución. Grandes teóricos con estudios sociales universitarios, que construirán magníficos y enardecidos discursos para los estratos más vulnerables de la sociedad; precisamente la clase trabajadora.

La principal característica de este revolucionario profesional, como Marx y Bakunin, como Lenin y Trotsky, es que nunca fueron trabajadores, no provinieron de familias proletarias sino más bien acomodadas, jamás sufrieron la injusticia y la opresión que denunciaban, ni vivieron jamás las penurias de las que pretendían emancipar a la clase obrera; fueron ladrones, saboteadores o vivieron de mantenidos, tuvieron vidas caóticas sin mucho aporte social, y desde luego y como punto más importante: nunca trabajaron.

Toda revolución depende de una clase revolucionaria, capaz de generar de manera independiente riqueza y conocimiento. El proletariado no cumple con ninguna de estas características. La condición inherente de la injusticia que denuncia el comunismo es precisamente que el obrero no es dueño de su riqueza; y alguien con el sometimiento social del proletario del siglo XIX definitivamente no tenía tiempo para generar conocimiento.

¿De dónde surge entonces la revolución? De la burguesía. No podía ser de otra forma. De los que tienen recursos intelectuales para pensar, promover y dirigir una revolución, y recursos económicos para lucharla. Burgueses teóricos dando discursos incendiarios a proletarios frustrados. Los primeros ponen los recursos necesarios para la batalla, los segundos ponen el cuerpo, como en cada revolución.

Al proletariado serán dirigidos los nuevos discursos revolucionarios: democracia y nacionalismo, que son una farsa, no son más que construcciones ideológicas para dominar a la población; una falsa consciencia para que no perciban su estado de opresión, un mito que oculta la realidad: que la clase pudiente controla el proceso político y moldea las creencias. Eso es tan cierto como lo es también que ningún régimen socialista o comunista ha podido escapar a esa misma crítica.

Toda ideología es para Marx una falsa consciencia, un engaño. Todo sistema de ideas del pasado no buscaba más que someter y engañar: cristianismo, humanismo, reforma, democracia, liberalismo, nacionalismo. Todo es una farsa, menos el comunismo que él propone, que no es falsa consciencia, sino consciencia pura y dura. La verdad. Todos los discursos del pasado buscaban someterte, sólo el mío busca liberarte. Cada revolucionario libertador del pasado ha creído lo mismo, todo en el pasado se movió para llegar a mí.

No es tu supuesta nación, extraña mezcla de raza y lengua, la que debe definirte, sino tu clase social. Bajo el esquema nacionalista, se le hace pensar al proletario alemán o inglés que su explotador es su aliado porque también es alemán o inglés, cuando es el principal enemigo. El nacionalismo te engaña diciéndote que el problema es la nación de al lado en lugar de comprender que es la clase social de arriba. Tu hermano no es tu connacional, sino tu compañero de dolor en la base de la pirámide.

La propuesta, además de no creer en ningún discurso ideológico más que el suyo, era crear una organización internacional que uniera y coordinara al proletariado de Europa y el mundo, a través de la organización de partidos socialistas y comunistas para llevar a cabo una revolución mundial.

El objetivo de la revolución es tomar el poder en el Estado burgués y ponerlo al servicio del proletariado, para lo cual es necesario abolir la propiedad privada de todo medio de producción; confiscar toda empresa, toda fábrica, todo transporte y medio de comunicación, cada hacienda y parcela, toda tierra con sus animales y sus tractores; y ponerlo bajo control del Estado, que debe estar regido por un único partido centralizado.

Con el tiempo desaparecerán las clases sociales, y con ellas toda guerra y todo conflicto; el ser humano evolucionará a un estado sin egoísmo, y entonces se podrá llevar a cabo el triunfo máximo del comunismo: la desaparición del Estado y la fundación de la comunidad de hombres libres.

LA GRAN MENTIRA: libertad a través del sometimiento

Marx parte del postulado, absolutamente cierto, de que no hay mayor opresor que el Estado, una creación burguesa con el único objetivo de someter. A partir de esa verdad todo se tuerce; como hay opresión propongo ser yo el opresor; como hay injusticia propongo ser yo el injusto; como hay alienación propongo ser el alienador; como hay explotadores y explotados, propongo definitivamente ser el nuevo explotador.

Señala Marx que el Estado es el máximo opresor del pueblo, un parásito que se roba la vida de los trabajadores, que los sangra. El Estado impone los intereses de un solo grupo, y está al servicio del poder...

Por eso hay que destruirlo. Ésa es la máxima realización de la utopía comunista.

Pero entonces hay que hacer una revolución, matar mucha gente; a todo el que no esté de acuerdo, al que no simpatice con la causa, al que tenga más que yo. Con esa revolución tomamos el poder del Estado, y en lugar de destruirlo, que es el supuesto objetivo, lo convertimos en un monstruo gigantesco al que le damos todas nuestras pertenencias: las tierras, las fábricas, los transportes, los periódicos, las estaciones de radio.

Le entregamos un poder absoluto, lo dejamos tomar control sobre nuestra cartera y luego le dejamos que nos diga cuál es la única versión posible de la realidad. Entonces, cuando ya sea superpoderoso, enorme, gigantesco, maneje todos los recursos y toda la riqueza, haya pulido todas las mentes hasta hacerlas idénticas, tenga control de todas las fuerzas públicas y haya matado a todos los traidores, ¿se va a disolver a sí mismo y nos entregará la comunidad de hombres libres?

Es religión igual que el nacionalismo. Dios omnipotente, nación omnipotente, partido omnipotente. Sagradas escrituras en todas: la Biblia, las historias nacionales y el *Manifiesto*. Cantos religiosos, himnos nacionales, el himno de la internacional comunista; santos, héroes nacionales, camaradas sacrificados; cruces, banderas, martillo y hoz; soy uno con Dios, soy uno con la nación, soy uno con el pueblo; odio al del otro dios, al del otro lado de la frontera o al de la clase social de arriba... Por todo esto mato y me dejo matar, para que otras personas que no se crean este cuento tomen el poder. Lo mismo con otros personajes. La eterna rueda del tirano.

5

TRAICIÓN Y REVOLUCIÓN

Hombre libre, recuerda esta máxima: puedes adquirir tu libertad,
pero nunca se recupera una vez que la pierdes.
JEAN-JACQUES ROUSSEAU

Revolución y fuegos artificiales, 25 de octubre de 1917

La revolución comenzó con fuegos artificiales. El Imperio ruso había muerto en la guerra y todo era caos desde la abdicación de Nicolás II en marzo de 1917. No había gobierno, el parlamento se había convertido en poder provisional, pero a duras penas lograban controlar la capital, que estaba bajo poder de los soviets, asambleas revolucionarias de trabajadores, creadas y controladas por el camarada León Trotsky.

En agosto, el gobierno provisional de Alexander Kérensky declaró a Lenin y Trotsky como enemigos públicos, y trató de contener el impulso bolchevique en las calles. Millones de hombres y mujeres, con hambre y frío, lloraban a los diez millones de muertos en el frente de batalla.

Era la madrugada del 25 de octubre cuando brigadas armadas de bolcheviques salieron hacia los distintos puntos estratégicos de la ciudad: estaciones de ferrocarril, la central telefónica, el banco nacional y el principal puente sobre el río Nevá: las comunicaciones, los transportes y el control del dinero. Les llevó todo el día, pero lo hicieron de manera tan minuciosa, discreta y estratégica que nadie se dio cuenta. Mientras en el Congreso de los Soviets se discutía qué hacer con el gobierno, los bolcheviques se apoderaron de él en la sombra.

Sólo faltaba la sede del poder, el Palacio de Invierno. Fue ahí cuando comenzaron los fuegos artificiales. El crucero de guerra *Aurora* estaba anclado en el río; el almirante y la tripulación eran leales a los bolcheviques y habían desobedecido la orden de zarpar rumbo a la Guerra Mundial. Lo había dicho Lenin: la guerra en Europa sería el banderazo de salida de la revolución.

A las 9:45 de la noche, el crucero artillado lanzó un disparo sobre el Palacio de Invierno. Era el inicio luminoso de una nueva era de libertad y esperanza para el proletariado mundial.

La multitud armada estaba enloquecida, el pueblo tomaba el mando. Las tropas populares asaltaron el palacio; decenas de miles de plebeyos entraron a lo que había sido en exclusiva el palacio del zar y la nobleza, construido, desde luego, con el trabajo, dolor, sufrimiento y muerte de esos plebeyos.

Pocos guardias había para defender la sede del gobierno, y la mayoría no sabía por qué debía defenderlo. Un gobierno que manda a su pueblo a morir al frente de batalla, por los intereses de unos pocos, no es un gobierno que deba ser defendido.

Con muy pocas bajas, los bolcheviques tomaron la sede de gobierno y Lenin se alzó triunfante con un discurso breve: "Comienza una nueva era en la historia de Rusia", dijo. "Terminaremos la guerra, aboliremos la propiedad de la tierra, los trabajadores ejercerán un auténtico control sobre la industria. Larga vida a la revolución socialista mundial".

Hubo reclamos, se habló de un golpe de Estado, de una toma ilegal del poder. Para Lenin la situación era clara: "Las masas nos han otorgado su confianza —dijo ante los soviets— y no piden palabras, sino hechos".

Rusia se alzaba como el imperio del pueblo, la patria de los proletarios. Marx había encendido una llama en 1848, una llama que la elite capitalista apagó a lo largo de todo el siglo XIX. Pero en octubre de 1917 Lenin se convirtió en el faro que iluminó las esperanzas proletarias de Europa, en la nueva luz que iluminó el camino de la revolución comunista internacional. Una era acababa de nacer.

Muy poco tardó el sueño en convertirse en pesadilla, como ha ocurrido con cada experimento socialista de la historia. Los revolucionarios libertadores de pueblos se han convertido en los tiranos más opresores de la historia.

En octubre de 1917 un grupo de revolucionarios inspirados en las ideas de Marx tomaron el poder por primera vez en la historia. Se proclamó la patria de los trabajadores, el preludio de la libertad absoluta del proletario, la llegada del paraíso comunista.

Los bolcheviques de Lenin y Trotsky habían tomado el control de San Petersburgo, Moscú y algunas otras ciudades de la Rusia europea; pero asumían que, por derecho, todo el imperio ruso, desde Polonia hasta Corea, se convertiría en el territorio para llevar a cabo su experimento de ingeniería social.

Reconstruir la sociedad sobre nuevas bases; bases teóricas que no son más que las ideas de un grupo de personas que asumen su ideología como realidad sagrada; se colocan a ellos mismos como la cima de la evolución ética, y desde ahí pretenden imponer sus ideas y su visión del mundo, a través de la violencia, a todas las personas de un territorio.

El secreto es llamarle a eso progreso. Vender la tiranía con un discurso de igualdad, promover la envidia por encima de la admiración, crear el Estado más opresivo de la historia mientras no dejas de hablar de libertad; despertar rencor y frustración para confundir la venganza con justicia. De la Unión Soviética al México de la transformación, ningún comunismo ha sido diferente.

Millones de individuos que serán privados de su libertad, y de la posibilidad de hacer de sí mismos su propio proyecto, para ser parte del experimento social y el proyecto ideológico de un revolucionario mesiánico. Hubo una guerra civil de cinco años, en los que millones de personas hubieron de morir, para que Lenin llevara a cabo un experimento que él mismo reconoció después que había fallado. ESO es el comunismo.

La amnesia y la falsificación son los cimientos de las tiranías. Cuando el comunismo no funcione, y no lo hará, porque nunca ha funcionado, siempre habrá un discurso fervoroso: la revolución no ha terminado, la lucha continúa, ése no fue el verdadero comunismo, los contrarrevolucionarios sabotean el proyecto, los poderes en la sombra acechan, y un sinfín de discursos para justificar el fracaso.

Para cuando las personas descubren que han sido engañadas, y siempre lo hacen, ya le han dado un poder absoluto a su libertador, y facultades opresivas terribles al Estado gigantesco que iba a liberarlos. Bien lo dijo Rousseau: no es posible recuperar la libertad una vez que se ha entregado. Por eso es fundamental viajar por la historia del comunismo.

Izquierda: violencia como sistema

El 20 de enero de 1793 cayó la hoja de la guillotina sobre el cuello de Luis XVI. Así comenzó la historia de la izquierda. Robespierre y los jacobinos, sentados a la izquierda del rey en la Asamblea francesa, eran los más férreos opositores al Antiguo Régimen y los únicos que no buscaban reformas a la estructura social y económica, sino una destrucción completa para construir algo nuevo. Para los primeros izquierdistas de la historia política, la causa de la igualdad no podía esperar más.

Después del rey, todo sospechoso de estar mínimamente en contra de las ideas de Robespierre recibió también la caricia justiciera de la guillotina. Así continuó la historia de la izquierda radical y nunca ha sido diferente. Detrás de los hermosos discursos de igualdad, fraternidad, justicia social y reparto de riqueza, siempre se esconde la única ambición real del revolucionario: el poder.

Después de la lucha por la liberación popular, siempre ha llegado la opresión. Eso es la historia real de la izquierda revolucionaria. No importan sus hermosos discursos vestidos de idealismo; en la práctica siempre ha sido una vil dictadura.

Cuando el movimiento de los igualitarios exigió a Robespierre su parte de la igualdad, en forma de reparto de tierras, fueron declarados traidores y asesinados. También Zapata fue declarado traidor por Madero cuando exigió tierra.

En menos de un año, el gran libertador de masas, el presidente del Comité para la Salvación del Pueblo guillotinó a cuarenta mil personas del pueblo liberado al que iba a salvar. El principal delito fue no estar de acuerdo con él. Por esa misma falta asesinó Stalin a diez millones, y Mao a treinta millones más.

La cabeza del rey rodó en 1793 para liberar al pueblo de la opresión monárquica. Dos años después, los libertadores dispararon cañones sobre el pueblo liberado, que decidió usar su libertad para exigir la restauración de la monarquía. Dos años tardaron los revolucionarios en mostrar su verdadera cara, pero el pueblo ya les había dado todo el poder, ya contaban con la fuerza del Estado... ya eran el nuevo opresor. Decapitamos al rey y coronamos a Napoleón.

Cada revolución de la historia se ha traicionado a sí misma. Lenin estableció un capitalismo de Estado, Stalin comenzó su mandato ejecutando de un tiro en la cabeza a los colaboradores de Lenin. Mao pidió a intelectuales y poetas que los disidentes levantaran su voz para enriquecer el comunismo con nuevas ideas... y los mató a todos. Fidel Castro traicionó a Huber Matos, al Che Guevara, a la revolución y al pueblo cubano al que iba a liberar. La revolución siempre se traiciona a sí misma.

En todos los experimentos comunistas del siglo XX hubo dictadura, totalitarismo y asesinato. Sobra decir que en ninguno hubo libertad y que no mejoró la vida de ningún trabajador. Socialistas y comunistas manipulan a un pueblo por el que no pretenden hacer nada, con el único objetivo de tomar el poder. Nunca en la historia pretendieron hacer algo por los demás.

La mejor prueba de tan tajante declaración es la REALIDAD; por más que el comunismo, con todos sus nombres, viva de narrativas, discursos y otros datos, ahí estará siempre la realidad para quien quiera ver. Rusia, China, Cuba, Camboya, Nicaragua, Venezuela, Bolivia, Argentina... Ahí donde han tomado el poder los comunistas, todo se transforma en miseria. Ésa es la historia del comunismo real.

Con la igualdad y la justicia social como bandera, los populistas hacen discursos incendiarios para manipular las emociones más negativas de las personas; sólo así las convierten en masa. La masa es el alimento del populista, es el músculo de la revolución que les dará el poder.

Con el conflicto como combustible, se apoderan del Estado y lo hacen más poderoso, opresivo y explotador que nunca. Se apoderan del país y de los recursos para ponerlos al servicio de su causa, nunca de su gente; y se eternizan en el poder por más tiempo que los monarcas. Nunca ha sido diferente en la historia.

En cada país comunista, desde la Unión Soviética hasta China, de Cuba a Venezuela, y desde Camboya a Vietnam, se ha replicado la violencia sistémica contra el individuo que no se integra en la masa. Ése es el verdadero comunismo; lo dijo Marx y lo reiteró Lenin: no hay más camino que la violencia radical. Ésa sigue siendo la propuesta.

En la democracia cada individuo es el soberano, y cada uno puede pensar y expresar sus ideas. El sistema da voz a todos. La oposición es parte del sistema y no hay buenos contra malos. El comunismo siempre ha consistido en la persecución de los enemigos. Sólo hay una verdad, y al estilo medieval, es incuestionable y permite matar al que no la comparte. Sólo en Rusia y China, el comunismo dejó más muertos que las dos guerras mundiales; desde luego, muchos más que el nazismo y el Holocausto.

Marx y Engels, y más adelante Lenin, definieron el comunismo como un movimiento económico, político y social que pretendía establecer una sociedad sin clases sociales, donde todo medio de producción de riqueza sería propiedad del Estado, con el pretexto de que era del pueblo; y donde el gobierno repartía los bienes según las necesidades.

En la práctica ha sido siempre lo mismo: un experimento social donde aquel que se niega a participar es asesinado. El discurso es contra la explotación; en la práctica el partido se lo roba todo y se convierte el único e inamovible explotador. El líder se convierte en patrón, rey, Iglesia y señor feudal. Dueño de toda riqueza y de todo conocimiento.

En 1848 Marx publicó una invitación abierta a la revolución y dejó clara una postura que no ha cambiado: el único camino es la violencia. Proletarios del mundo, únanse. El llamado floreció en Londres en 1864, cuando diversos sindicatos y grupos de obreros anarquistas fundaron la Asociación Internacional de los Trabajadores, que se conoce popularmente en la historia como la Primera Internacional.

Colaboraron en ella Karl Marx, Friedrich Engels y Mijaíl Bakunin. Desde la primera reunión, las izquierdas comenzaron a separarse a causa de sus diferentes interpretaciones y visiones de socialismo. Como toda su visión de la vida se basa en el conflicto, el acuerdo no está en su ADN político. Cada camarada siempre tiene la razón.

Los marxistas decían que el único camino era la formación de una asociación internacional de partidos obreros, fuertemente centralizados, con un programa muy claro: usar la democracia para ir penetrando en el poder del Estado, y, al mismo tiempo, usar la violencia para destruirlo y crear un nuevo Estado socialista que fuera el único poseedor de todo medio de producción.

Los seguidores del anarquista ruso Mijaíl Bakunin denunciaron que eso sólo engendraría un monstruo que sería igualmente opresor y postularon, en cambio, la destrucción del Estado para crear una organización federal de cooperativas.

En ninguna de las propuestas de la izquierda era algo opcional la nueva organización de la vida de todos los individuos. Tu proyecto de vida ya no importa, ahora toda la sociedad está al servicio del experimento económico político y social del camarada en turno. Muy de la izquierda es cambiar de sistema, proyectos y estrategias con cada líder, porque cada uno de ellos siempre tiene la razón.

Los conflictos internos fueron debilitando a la Internacional, en la que todos tildaban a los demás de traidores, y la organización fue disuelta en 1876. Los congresos socialistas no han cambiado desde entonces. La traición siempre ha sido parte inherente de la revolución.

El fracaso de la Primera Internacional no fue adjudicado a la incapacidad de sus integrantes de llegar a acuerdos, a la mala organización o a la falta de respeto y pluralismo. NO, fue culpa de un complot internacional. La narrativa de la izquierda no ha cambiado en doscientos años, y los camaradas de hoy repiten frases de manual que fueron escritas en el siglo xix.

El año en que nació Hitler, 1889, los partidos laboristas, socialistas y comunistas de Europa fundaron la Segunda Internacional, un foro de partidos de izquierda que buscaban impulsar la revolución mundial.

Pero llegaba el cambio de siglo y vientos de guerra soplaban sobre Europa. Era claro para un buen observador que se avecinaba una guerra de proporciones nunca antes vistas. Lenin siempre fue ese buen observador, y todo se ajustaba a sus planes: aprovechar la guerra mundial entre capitalistas para llevar a cabo la revolución de los trabajadores.

En la Segunda Internacional chocaron la socialdemocracia liberal y el socialismo autoritario. La primera fue acusada por Lenin de querer dialogar y negociar, que es justo lo que hacían, mientras que los segundos seguían pugnando por la revolución violenta como única vía. Destrucción total y un poder no compartido. La Internacional fue disuelta por sus líderes en Nueva York, mientras los obreros se mataban en las trincheras en 1916.

Para 1917, Vladímir Ilich Uliánov, ya conocido como Lenin, y como un revolucionario profesional vivía exiliado en Suiza, donde jugaba ajedrez con Máximo Gorki, se carteaba con otros intelectuales, recibía el puntual cheque de su madre sin el cual no podía sostenerse y desarrollaba teorías sobre la ausencia de deseo y placer sexual en las mujeres. Lenin nunca vivió en la realidad.

En abril, agentes secretos del káiser alemán contactaron con Lenin en Suiza. Le ofrecieron diez millones de marcos alemanes en oro a cambio de comenzar la revolución en Rusia, tomar el poder y firmar la paz con Alemania. El servicio secreto alemán se encargaría de llevarlo en tren a través de Alemania hasta la costa báltica, donde tomarían un barco a Suecia, y de ahí de nuevo en tren hasta San Petersburgo.

Fue así como en octubre comenzó la revolución, Lenin se convirtió en el faro y en la luz de la nueva era que acababa de nacer, la era del proletario que rompía sus cadenas. Esa flama incendió el Imperio ruso con el triunfo de la revolución bolchevique, de la que surgió la Unión Soviética, y que fue fuente de inspiración y financiamiento de la china y la cubana, y través de ella, de todo el engendro bolivariano hasta llegar a México. En ninguno de esos lugares el proletario ha roto sus cadenas.

Antes de que el proletario rompiera sus cadenas había que consolidar el poder. El país nacía de la guerra contra todos los enemigos de la causa del pueblo, decía Lenin, por lo que no había que bajar la guardia. La revolución comunista nunca termina, y como la guerra necesita de recursos, el nuevo gobierno tomó control de todas las fábricas del país, estableció jornadas extras obligatorias, prohibió las huelgas y declaró la ejecución de todo obrero rebelde. La libertad había comenzado.

Las medidas para la transformación de la sociedad comenzaron de inmediato. Se instauró una escalada progresiva de impuestos para desincentivar la propiedad privada y la inversión extranjera, comenzó una campaña de expropiación a propietarios de fábricas, máquinas, comunicaciones y transportes; Lenin decretó préstamos obligatorios, con pena de trabajos forzosos a quien se negara.

El Partido Comunista centralizó todos los bancos, se apropió de todos los ahorros, se convirtió en el único dador de créditos del país y comenzó una campaña de terror para confiscar sus bienes a los enemigos del pueblo, que eran básicamente los que no simpatizaban con la causa del partido.

Lenin se apropió de todos los medios de transporte de la nación, que puso bajo control de los militares, y estableció las primeras prohibiciones para viajar y trasladarse de un lugar a otro. A partir de ahora, el comité central de un partido en Moscú determinaría dónde ibas a vivir y en qué ibas a trabajar. Por supuesto, el partido se tomó la libertad de determinar el contenido de los textos educativos y decidir qué libros se podían leer.

A los campesinos rusos se les confiscaron sus parcelas, y todo excedente de producción, por lo que un año después no hubo excedentes. Precisamente como señalaba Marx, nadie quiere trabajar para que otro se lleve el producto de tu trabajo; ésa es la definición básica de explotador, y es lo que hace todo comunista: vivir del trabajo del pueblo al que liberan.

Toda la tierra agrícola pasó a ser también propiedad del Estado, y todo campesino y propietario que se negara fue ejecutado como traidor a la revolución. Toda empresa privada fue declarada ilegal, todo medio de transporte se hizo militar, todo alimento fue distribuido por el Estado, y diez millones de personas murieron de hambre. El primer experimento comunista dejó muy claro cómo serían todos los demás.

El primer país comunista basado en las ideas de Marx. Así lo definió Lenin en una época en la que Marx no vivía para poder refutar nada. La explotación nunca terminó, sólo se cambió de explotador, y las masas oprimidas anhelantes de libertad sólo dejaron de estar oprimidas por la burguesía para estar oprimidas por el Estado. De esa opresión no se sale nunca. No hay opresor más poderoso que el Estado.

El burgués y el proletario. ¿Quién soy yo?

Burgués y proletario. ¿Quiénes son los dos adversarios que protagonizan la construcción de la modernidad? ¿Quiénes son los antagónicos en la marxista lucha de clases del siglo XIX? ¿Tendrían que ser enemigos y estar en lucha constante, o pueden construir juntos una sociedad armónica y próspera?

Desde tiempos del Renacimiento, el burgués ha sido el ciudadano libre, el comerciante, el independiente. No es noble ni depende del rey, no es un artesano unido a un gremio o un campesino atado al feudo. Es atrevido, aventurero y emprendedor.

No está atado a la tierra, ni para vivir ni para trabajar, es creativo... y construyó su libertad al desarrollar un sistema para producir su propia riqueza: el capitalismo de libre mercado y su método de generar conocimiento: la ciencia.

Pero el burgués se fue transformando con el tiempo y las palabras han cambiado de significado. El burgués se hizo rico con el comercio en el siglo XVI, patrocinó la ciencia en el siglo XVII y al descubrir nuevas ramas del conocimiento se fueron ampliando también las actividades económicas.

En los siglos XVII y XVIII el burgués amplió sus redes comerciales, ofreció más productos y mejores servicios, generó mejores transportes, estableció redes de negocio; fue impresor, inventor, escritor, abogado y también contador, administrador e ingeniero.

Burgueses fueron Copérnico, Galileo y Newton; burgueses fueron Magallanes y Elcano, así como los alemanes que dibujaron los mapas que usaron en su aventura alrededor del mundo. El burgués del siglo XVI y XVII es Shakespeare y Cervantes; es Spinoza con su idea de Dios y Kepler con su sistema solar. El burgués del siglo XVIII es Immanuel Kant, es Voltaire, son los creadores de la *Enciclopedia*.

Algunos prosperaron por encima de otros y fundaron compañías transnacionales, hicieron comercio global, establecieron bancos y líneas de crédito; crearon universidades y editoriales, construyeron laboratorios científicos y barcos..., pero no fueron ellos solos. Es en medio de esta revolución que comienza a aparecer el proletario.

Dijo Victor Hugo que lo que mueve al mundo no son las máquinas sino las ideas, pero las ideas con que la burguesía construía el mundo moderno precisaban de máquinas y de personas que las movieran. Hacía falta mucha energía, y ésa la ponía el músculo del trabajador.

La burguesía generó una revolución industrial que provocó una riqueza nunca antes vista y un progreso espectacular, pero los engranes de la gran maquinaria del progreso no son realmente ellos. Alguien tiene que mover las ruedas desde abajo, y no está considerado en la ecuación del poder: el proletario.

Alguien tiene que echar a andar el mecanismo de la industria. Ya hay máquina de vapor, electricidad y petróleo para mover el mundo, pero alguien tiene que extraer el carbón de la tierra y perforar sus entrañas para obtener petróleo; alguien debe calentar los altos hornos y construir los gigantescos barcos, alguien debe limpiar los subsuelos de las ciudades.

¿De dónde surge el proletario, este otro protagonista de la modernidad?

No existía una generación atrás y por eso no hay espacio para él en la sociedad. Es el obrero industrial que no existía antes de que hubiese industria. En gran medida es el campesino y al artesano que fueron despojados de su forma de vida por el mundo moderno.

El artesano dejó de ser competitivo con relación a lo que produce el empresario y dejó la seguridad y tradición del gremio, donde era maestro, para ser un engrane más de la fábrica. El campesino va dejando sus tierras en busca de la prosperidad de la ciudad, donde se hace obrero, vive en sucios y oscuros barrios hacinados y no cuenta con nada que no sea consigo mismo y sus hijos. Su prole.

Ha nacido el obrero como la pieza más paradójica del sistema; nadie es tan fundamental como él para mover las ruedas de la industria, pero nadie es tan poco valorado. Todo es oferta y demanda, hay muchos hombres, mujeres y niños buscando algún tipo de trabajo, pero no hay tanta demanda de trabajadores.

El desempleo abarata al trabajador, y al parecer eso es bueno para la productividad capitalista. Éste es quizás el problema más grande y evidente del sistema; es la condición social del proletario la que permite a los ideólogos construir grandes discursos de igualdad.

El objetivo declarado del marxismo es acabar con las clases sociales; para Stalin, eso se lograba asesinando al burgués. Cuando tomó el poder en 1924, comenzó una propaganda masiva de odio contra las clases altas, y de manera muy especial contra los kulaks.

Kulak era el nombre con que se conocía al campesino ruso que, a fuerza trabajo e ingenio, creatividad y tenacidad, esfuerzo y estudio, había hecho más productivas sus tierras y había comenzado a enriquecerse. Stalin se encargó de decirle a cada campesino que aquellos kulak se habían enriquecido a causa de la corrupción y explotación.

No fue una campaña de expropiación de tierras, no fue un despojo en el que el anterior propietario de la tierra se viese obligado a trabajar ahora en ella como siervo del Estado. No, fue una campaña de asesinato masivo y exterminio contra una clase social. Fue una campaña de odio promovida desde el poder.

Pero el programa de colectivización de tierras no terminó con los kulaks. Después de despojar de sus tierras a los propietarios productivos, Stalin decidió que toda la tierra cultivable de Rusia debía ser propiedad del Estado. Nadie fue liberado con la expropiación de tierras, sino que todos se convirtieron, en cosa de meses, en siervos del Estado, en esclavos atados a la tierra como en el feudalismo medieval. Nunca más el pueblo ruso volvería a ser explotado por el burgués o el empresario, a partir de ahora sería explotado por el Partido Comunista.

Stalin gobernó con puño de hierro entre 1924 y 1953. Bajo su mandato y a causa de sus experimentos y paranoias murieron alrededor de veinticinco millones de seres humanos, sea por las hambrunas o asesinados por el sistema. No hay que olvidar que el largo brazo de Stalin le dio la vuelta al mundo para darle un martillazo en la cabeza a León Trotsky.

Pero proletario y burgués, como izquierda y derecha, son conceptos del siglo XIX que no tienen relación alguna con la actualidad. Palabras trasnochadas de revolucionarios que engañan con narrativas. Hoy existen ciudadanos, libres de buscar su propio proyecto de vida e iguales ante la ley. Eso es lo que se debe asegurar.

Lo que debe prevalecer es la clase media, las mujeres y hombres que estudian y se preparan, que llenan y mueven los negocios, empresas y corporativos, que buscan trabajos y obtener sueldos. Algunos son empleados, otros son empleadores y muchos son las dos cosas. Tienen sueños y anhelos, y por lo tanto estudian y trabajan para perseguirlos. Sueños, estudio y trabajo. Eso es lo único que ha sacado adelante a toda sociedad.

SUEÑOS, ESTUDIO Y TRABAJO. Tener aspiraciones, prepararnos para conseguirlas y luchar por ellas. Sueños, estudio y trabajo es lo que está detrás de la prosperidad y felicidad de todo individuo y país libre.

Desconfía de todo aquel que no te invite a soñar y limite tus aspiraciones, porque sólo en tus sueños puedes ser completamente libre como individuo humano.

Sueños tuvieron Gandhi y Nelson Mandela, Washington y Jefferson, Hidalgo e Iturbide. Sueños y estudios convirtieron en presidente a Benito Juárez o a Abraham Lincoln. Trabajo fue lo que hizo grandes a Steve Jobs y a Bill Gates. Sueños, estudio y trabajo fueron los ingredientes con los que nuestros abuelos construyeron los países donde vivimos hoy.

Nada de eso se puede hacer sin libertad económica; la única que garantiza la independencia contra los tiranos; nada esclaviza más que un billete recibido de un gobierno. Dependerás de alguien para vivir, ese alguien determinará tus límites y potencialidades, tus pensamientos y creencias. Será tu amo y señor, y tú no serás libre, sin importar cuánto lo grites un 15 de septiembre.

Libertad no consiste en estar emancipado de una potencia, no es depender o no de otro país; la libertad no involucra que la persona que mande esté aquí o en Madrid, ya sea Benito Juárez o Maximiliano de Habsburgo... Libertad es la capacidad que tienes de definirte como individuo, como persona, como ser humano. La libertad te permite ser el artista que hace de ti una obra maestra. Sólo la libertad te permite construir la única respuesta fundamental en tu existencia: ¿QUIÉN SOY YO?

La madre de la revolución

El 21 de enero de 1924 Vladímir Ilich Uliánov, alias Lenin, murió de un accidente cardiovascular tras dos años de sufrir derrames cerebrales. Nunca logró gobernar su experimento social, pero sí alcanzó a vislumbrar su fracaso.

Cinco años de guerra le llevó formar la Unión Soviética. Tomó el poder en la Revolución de octubre de 1917 y tuvo su primer infarto cerebral en mayo de 1922. Cuando se recuperó del ataque, descubrió que ya era Stalin quien ejercía el poder. Proclamó la Unión Soviética en diciembre de 1922, pero ya no tenía control sobre ella.

Había pasado apenas una semana tras firmar el Tratado de la Unión Soviética cuando sufrió otro infarto cerebral que lo dejó paralizado a medias. Su cuerpo no funcionaba, pero su mente era lúcida. Sabía que el balance tras cinco años de revolución no era el esperado. La revolución había muerto y la flama no prendió en el resto de Europa. Rusia quedó desangrada por la Gran Guerra y la revolución, y además quedó aislada del resto del mundo.

Desde 1921 Lenin había aceptado lo que todo camarada hasta el día de hoy acepta algún día, aunque sólo sea para sí mismo: el comunismo no funciona. Era plenamente consciente de que eso no era marxismo ni comunismo, que el proletariado no había sido liberado y que sólo había establecido un capitalismo dictatorial vigilado por el Estado.

El cuerpo embalsamado de Lenin fue depositado en una cripta para recibir honores, y todos comentaban la notable ausencia de León Trotsky, que había sido engañado por Stalin para que no llegara a los funerales y apartarlo así del poder. La traición comenzaba a fraguarse en la revolución.

Lenin murió con poca esperanza, suplicando en su testamento que Stalin fuese removido del poder. Pero ya podía atisbar la burocracia y el totalitarismo que destruyeron a la Unión Soviética y que han sido el sello de cada dictadura comunista hasta 2024, y contando. El creador del comunismo real murió pronto, pero vivió lo suficiente para saber que su proyecto era un fracaso. Lo mismo le pasó a Lázaro Cárdenas con la expropiación petrolera.

Vladímir Ilich Uliánov fue ruso, pero su revolución no. La causa era internacional y lo sigue siendo. Es importante recordar eso al querer comprender el comportamiento de los líderes de la América bolivariana como Fidel, Chávez y Maduro, Daniel Ortega, Evo, Cristina, Andrés...

El hombre que se hizo llamar Lenin nació en el Imperio ruso en 1870. Su padre era un funcionario de la nobleza imperial, y Vladímir creció y pasó su infancia en una hacienda. No tuvo carencias, nunca fue un proletario ni tuvo jamás la necesidad de ser obrero, pero quedó seducido por las ideas marxistas y decidió que, por alguna extraña razón, él representaba a los proletarios del mundo a los que Marx conminaba a unirse y romper sus cadenas.

A los 17 años ingresó a estudiar Derecho, pero fue expulsado por revoltoso y terminó sus estudios por correspondencia. En 1895, con 25 años, comenzó a viajar por Europa gastando en ello la herencia familiar, y a pesar de no ser ni haber sido un obrero, fundó la Unión de Lucha para la Emancipación de la Clase Obrera.

Más adelante en su vida declaró lo mismo que terminan por descubrir todos los revolucionarios comunistas: sin obreros frustrados no habría revolución; por eso termina siendo necesario frustrarlos con el discurso, si acaso la realidad no los ha frustrado lo suficiente. Ésa es la labor del revolucionario profesional: usar a los trabajadores, manipular sus emociones, despertar la frustración.

Volvió a Rusia en 1897 y fue enviado a Siberia, de donde escapó en 1900 para viajar por Europa y entrar en contacto con grupos marxistas.

¿De dónde obtenía recursos para viajar por el mundo? Es el misterio de cada revolucionario de la historia, que suele tener la posibilidad de dedicarse a viajar, escribir y discutir, sin trabajar nunca en su vida, mientras planean revoluciones para liberar al pueblo que no deja de trabajar. A Vladímir Lenin lo mantenía su madre, dilapidando la pensión de su padre.

Lenin se dedicó a seguir los trabajos de la Segunda Internacional y a criticarlos severamente. Acusó a los socialdemócratas de traidores por buscar algo tan mundano como aumentar los ingresos y nivel de vida de los trabajadores. Lenin siempre supo que cada trabajador con buena vida era un soldado menos para su revolución mundial.

En 1903 viajó a Londres a participar en el congreso del Partido Obrero Socialdemócrata ruso. Ahí propuso una revolución internacional que destruyera desde los cimientos todas las estructuras putrefactas del Estado burgués. Su propuesta no era novedosa: destruir todo lo anterior porque yo tengo la respuesta que no se ha encontrado en toda la historia de la civilización; ese pensamiento es todo menos revolucionario.

Lenin señalaba que en el sistema capitalista no tardaría en declararse una guerra de magnitud mundial que debía ser aprovechada por los proletarios de todos los países para llevar a cabo la revolución y establecer la dictadura del proletariado.

Ésa es la alternativa a la democracia: un poder basado en un partido central y reducido, donde un comité intelectual y científico toma todas las decisiones en nombre de toda la comunidad. Como hace con bastante funcionalidad el Partido Comunista Chino, y con bastante disfuncionalidad el resto de los partidos comunistas.

No hacen falta parlamentos ni partidos, y mucho menos discusiones, dado que no hacen falta ideas. Ya hay un grupo teniendo ideas en nombre y por el bienestar del pueblo, y cualquier crítica a ese sistema lo convierte a uno en contrarrevolucionario; alguien que debe morir porque no está del lado correcto de la historia.

El propio Stalin señaló más adelante que las ideas son más peligrosas que las armas y que, si no dejábamos a nuestros hijos tener armas, menos aún se les debería permitir tener ideas. El comunismo liberador es profundamente conservador.

En 1905 Lenin intentó convertir una insurrección en Rusia en su ansiada revolución, pero no lo logró. Fue en ese momento cuando salió huyendo para terminar exiliado en Suiza.

Dicho exilio fue su etapa intelectual más productiva, ya que se dedicó a pensar y escribir de esa fecha hasta 1917, cuando guio al pueblo a la victoria...

Marx, Lenin y los parásitos

Según los cánones marxistas y comunistas, vivir sin trabajar sólo es posible si se vive del trabajo de otro. Eso lo convierte a uno en un asqueroso opresor, un explotador, un parásito. Tal y como fueron en su vida Marx y todos los comunistas. Lenin, al Igual que Marx o Bakunin, los grandes libertadores de proletarios oprimidos, nunca trabajaron, siempre vivieron a expensas de otros, prefirieron hacer guerra y matar que producir riqueza.

Estos representantes de los trabajadores son muy sospechosos..., sólo liberan del trabajo a sí mismos. Siempre quedan en la cima de una pirámide que dirigen y administran y de la que viven haciendo un gran trabajo, el más importante desde luego: pensar la revolución.

El propio Marx, sin embargo, no consideraba que pensar fuera trabajo, no por lo menos cuando el que piensa es el burgués y concibe una idea productiva, un invento, una patente, un negocio, un nuevo producto. Sólo es trabajo cuando se piensa en la revolución.

Lenin lo dejó muy claro: la revolución es el único parámetro ético. Es triunfar o morir. Todo vale por la revolución. No se diga más.

Marx era de familia burguesa, siempre tuvo servidumbre y no trabajó ni como estudiante. Su estancia en la Universidad de Bonn la pasó como presidente del Club de la Taberna, asociación de bebedores en la que decían que era más borracho, parrandero y jugador que los demás... y así hasta que lo expulsaron por malviviente. Luego pasó por más escuelas hasta terminar en la

Universidad de Jena, conocida por su flexibilidad al dar títulos.

Era famoso por ser alborotador y ebrio, portar armas y no pagar nunca sus deudas... Cuando papá dejó de mantenerlo, porque gastaba como millonario, se casó con una aristócrata y se gastó la dote y la herencia, y después fue mantenido por Engels. Cuatro de sus siete hijos murieron malnutridos, y su hija se casó con un hombre que escribió un libro titulado *El derecho a la pereza*.

Lenin no se queda atrás. Tenía 30 años y se gastaba el dinero de su madre viuda para planear la revolución en los cafés. Viajó mucho, discutió mucho, jugó mucho ajedrez, envió muchas cartas y descansó entre 1905 y 1917..., con dinero de mamá. Después, para poder seguir sin trabajar, tomó el poder.

6

LA TIRANÍA DE PAPÁ GOBIERNO

> *No se establece una DICTADURA*
> *para salvaguardar la REVOLUCIÓN.*
> *Se hace una REVOLUCIÓN*
> *para establecer una DICTADURA.*
> GEORGE ORWELL

Expropiación petrolera, México, 18 de marzo de 1938

El 18 de marzo de 1938 terminó de consumarse la independencia nacional que fue gloriosamente proclamada por Hidalgo en 1810. Ésa era la idea central del NACIONALISMO REVOLUCIONARIO, la narrativa detrás de la expropiación petrolera ejecutada por Lázaro Cárdenas. Al apropiarnos del petróleo por fin éramos dueños de todos nuestros recursos, arrebatados desde la conquista y siempre codiciados por los extranjeros y los enemigos de la nación.

El petróleo no fue el único recurso que el gobierno se apropió, con el pretexto de que era del pueblo; en realidad poco a poco se lo fue quedando todo. En tiempos de Echeverría, hasta hoteles y centros nocturnos eran del gobierno.

El reparto ejidal tan celebrado fue reducir al campesino a la obediencia servil al partido; y no fue más que una expropiación de todas las tierras del país, que serían propiedad de un gobierno que las otorgaba en usufructo al campesino leal a la causa de la revolución.

Toda la tierra para el Estado, todas las empresas petroleras también; todo el oro, plata y demás metales y piedras preciosas, pues también son riqueza del subsuelo, son ahora del Estado, que otorgará concesiones a empresarios siempre vulnerables. Todos los recursos marítimos, con lo que la pesca también será concesión. Hasta el aire y las ondas electromagnéticas pertenecen al Estado, que las cuida para el pueblo, con lo que los medios de comunicación siempre pueden ser presionados.

Toda la sociedad estaba organizada en cuatro sectores: obreros, campesinos, burócratas y militares. Cada uno de dichos sectores estaba organizado por instituciones que eran parte del partido. Los obreros tenían sindicatos, los sindicatos eran parte de una central de trabajadores, y ésta dependía del partido. Los campesinos se agremiaban en organizaciones que eran parte de una central campesina que dependía del partido. Partido y Estado eran la misma cosa.

Con burócratas y militares era más sencillo; bebían directamente de la nómina del Estado. La burguesía, señaló Lázaro Cárdenas, esa clase social tan incómoda porque es independiente, deberá ser paulatinamente eliminada. La brillante idea de todos los socialistas: acabar con la clase social que genera riqueza.

Toda la narrativa del régimen, cuando se trataba de apropiarse de bienes, empresas y recursos, debía girar en torno al mito de la conquista. La idea de una España que se apoderó de todos los recursos, que controló y acaparó durante trescientos años, hasta que recuperamos la libertad. De todo lo arrebatado faltaba recuperar el petróleo.

Hacia 1940 la mayoría de los recursos y medios productivos de México era propiedad del Estado, la sociedad estaba dividida en sectores y organizaciones, y el ciudadano promedio aspiraba a conseguir alguna forma de vivir de la generosa dádiva del Estado. Vimos el nacimiento de Papá Gobierno.

Pero Papá Gobierno implica que existe Hijo Pueblo, ese hijo siempre será dependiente y sumiso. Papá Gobierno no quiere que su hijo sea libre.

¿Cómo ocurrió esa transformación radical en la mente del pueblo mexicano?

El siglo XIX en México se destacó por ser una transición de lo conservador a lo liberal; los mexicanos de aquella centuria fueron grandes liberales; los hay en la independencia, en la Reforma, en la República restaurada y en el porfiriato.

Pero el pueblo mexicano que nace de la revolución es sumiso y paternalista, y todo el impulso del guerrero liberal del pasado se convirtió en la masa que marcha con pancartas en una revolución institucionalizada.

¿Cómo cambió tanto el pueblo mexicano?

El principal objetivo de tu existencia es tu felicidad y tu plenitud. Comenzamos esta revolución de la libertad con esa idea, y es importante no olvidarla nunca, así como es esencial tener siempre muy claro que a nadie le interesa tu felicidad. Es tu proyecto, no le importa a nadie más. No le importa a ningún político. A ningún ideólogo. Sólo a ti.

Esa felicidad, ese proyecto existencial, depende por completo de tu libertad; y para ser libre debes de ser capaz de generar por tu cuenta conocimiento y riqueza. Todos los tiranos socialistas de la historia han llegado al poder para arrebatar de inmediato esas dos independencias.

Se destruye de manera sistemática y deliberada la estructura económica del país, se busca el empobrecimiento como proyecto. Con el pretexto de la igualdad, la admiración transformada en envidia y la justicia social en venganza, el Estado empobrece a todos hasta igualarlos en la miseria.

Lo que se busca es que la subsistencia del individuo dependa del sometimiento al partido o al Estado. Ese hombre ya no es libre, ya no es ciudadano y ya nunca se rebelará.

Lázaro Cárdenas le dio una manoseada a la Constitución, y donde decía que la educación debía de ser obligatoria, gratuita y laica, estableció que debería ser socialista, y organizó escuelas para adoctrinar en el marxismo a todos los maestros del país. No hay mayor ataque a la libertad que imponer las ideas de un grupúsculo de políticos en toda la población y en las generaciones venideras.

La idea de la educación obligatoria, laica y gratuita se estableció en Prusia en el siglo XVIII, y fue copiada en diferentes niveles por los países que aspiraban a llamarse modernos. Ser laico implica ser independiente de cualquier confesión religiosa; el objetivo es que la Iglesia no te adoctrine; pero si en lugar de ello te adoctrina el Estado, no se ha hecho absolutamente nada en favor de tu libertad y tu plenitud.

Si el Estado impone la educación con su versión ideológica, es el que educa a los maestros, es el que define planes de estudio a través de una secretaría de educación y después impone hasta el libro de texto obligatorio, se le está dando a ese Estado el más monstruoso de los poderes: sobre tu mente.

Los partidos revolucionarios incluyen en sus narrativas que la dictadura se establece para salvaguardar los valores de la revolución, pero George Orwell nos dijo que se hacen revoluciones para establecer dictaduras. Todo lo demás son narrativas. Todo es ilusión excepto el poder.

Revolución que no revoluciona

Todo comenzó el 20 de noviembre de 1910, cuando el héroe Francisco Madero se levantó en armas contra el tirano Porfirio Díaz. Se le unieron los héroes Pancho Villa, Emiliano Zapata, Venustiano Carranza y Álvaro Obregón.

Como Porfirio Díaz había sido un terrible dictador, el cuatrero Pancho Villa y el contrabandista Pascual Orozco tomaron por asalto Ciudad Juárez, donde no estaba

Porfirio Díaz; saquearon tiendas, casas y negocios, que no eran de Díaz; mataron y violaron a hombres y mujeres que nada tenían que ver con Díaz, y prendieron fuego a la ciudad, donde murieron muchos que no eran Porfirio Díaz. Así la justicia revolucionaria.

Después el héroe Zapata desconoció al héroe Madero y al héroe Carranza. El traidor Huerta mató al héroe Madero, y todos los héroes se unieron en torno al héroe Carranza contra el traidor Huerta.

El traidor Huerta huyó del país, entonces los héroes Villa y Zapata desconocieron al héroe Carranza, que contó con el reconocimiento del héroe Obregón. El héroe Villa le propuso al héroe Carranza un suicidio mutuo. El héroe Zapata comenzó a tomar haciendas por su cuenta, y el héroe Villa firmó un contrato de exclusividad con un estudio cinematográfico norteamericano para hacer la película de la revolución.

El héroe Carranza tomó el poder, y en un berrinche monumental el héroe Villa cruzó la frontera para saquear el primer pueblo gringo que se encontró. El héroe Carranza mandó asesinar al héroe Zapata, que caminó estoicamente hacia su muerte. Antes, él había asesinado a su aliado, amigo y mentor, el héroe desconocido Otilio Montaño.

El héroe Carranza fue asesinado por su aliado el héroe Obregón, que tomó el poder para luego dejárselo al héroe Elías Calles, quien más adelante mandó asesinar al héroe Obregón para perpetuarse en el poder, hasta que fue expulsado del país por su aliado, el héroe Lázaro Cárdenas.

Todos esos héroes que se mataron y traicionaron unos a otros yacen en el mismo Monumento a la Revolución, donde seguramente no descansan porque siguen cuidando sus espaldas.

Desde luego, falta estudiar el aspecto social y socialista de nuestra revolución.

El tema es que el aristócrata Madero derrocó al aristócrata don Porfirio, y fue asesinado por el traidor Huerta, y luego tomó el poder el aristócrata Carranza que fue asesinado y reemplazado por el aristócrata Obregón. Toda esa *fifisa* revolucionaria hizo una revolución social, aunque el héroe Carranza y el héroe Obregón asesinaran a los héroes Zapata y Villa, que sí representaban la parte social de la revolución.

Y como todo eso fue una revolución por la justicia social, el Estado se apropió de la riqueza de suelo y subsuelo, de tierras y mares, y Lázaro Cárdenas sometió al campesinado a la servidumbre y expropió las empresas petroleras norteamericanas... con un préstamo norteamericano.

Claro que más allá de toda realidad, están los planes, los proyectos, el ideario o manifiesto que establece los valores por los que se lucha. El plan es muy importante.

El plan de Madero se llamó Plan de San Luis y consistía básicamente en quitar a Díaz; Pascual Orozco tuvo el Plan de la Empacadora, que era quitar a Madero, igualito al Plan de Ayala, que era quitar a Madero, pero que lo quitaran los zapatistas y no los orozquistas. El plan de Carranza se llamó Plan de Guadalupe y era quitar a Huerta, y el plan de Obregón, que se llamó Plan de Agua Prieta, era quitar a Carranza.

Al final, el plan de todos era el mismo y no ha cambiado mucho; quítate tú para que me ponga yo, porque ahora robar del erario ya me toca a mí. Aunque el PRI robó más. Más o menos eso fue la revolución.

En octubre de 1909 el presidente Porfirio Díaz se entrevistó en la frontera con el presidente norteamericano William Howard Taft. Esa entrevista, de la que casi nada se dice, lo determinó todo.

Taft pidió a Díaz una base militar norteamericana en Baja California, devaluar el peso mexicano, cancelar el proyecto del canal ferroviario en Tehuantepec, negar asilo político al presidente exiliado de Guatemala, quitarle concesiones de industria militar y armamento a los alemanes para dárselas a los norteamericanos; y, desde luego, quitarle el monopolio del petróleo mexicano al inglés Weetman Pearson para favorecer a Rockefeller.

Era octubre de 1910. Díaz se negó a todo. En octubre de 1910, desde ESTADOS UNIDOS, Francisco Madero proclama el Plan de San Luis, donde convoca al pueblo a levantarse en armas el 20 DE NOVIEMBRE para quitar del poder a Porfirio Díaz. La revolución comenzó desde Estados Unidos, con dinero y armas de aquel país, y con órdenes que venían de Washington.

Porfirio Díaz salió de México el 26 de mayo de 1911. Veinte años después México seguía en guerra. Presentó su renuncia ante el congreso de la República mexicana, y para evitar que su presencia incitara a la violencia y su nombre fuera usado como bandera de guerra, decidió exiliarse en París. Zarpó de Veracruz en el vapor Ypiranga para no volver a su patria nunca más.

Murió el 2 de julio de 1915, mientras la guerra que tenía como objetivo removerlo del poder aún continuaba.

¿Qué cosa tan terrible hizo Porfirio Díaz para causar esta guerra?

Principalmente prosperidad y crecimiento. No puede haber revolución sin una clase social con potencial revolucionario; y ésa siempre ha sido la alta burguesía, la que tiene independencia intelectual y económica. Ilustrados que saben generar riqueza.

La llamada revolución fue efectivamente peleada por aristócratas del porfiriato; y el pueblo fue, como en cada revolución de la historia, el pretexto y la carne de cañón. Madero era de una de las diez familias más ricas del país, que obtuvo esa prosperidad en el porfiriato, gracias a una economía liberal, heredera de las reformas juaristas. Ése es también el caso de Venustiano Carranza y de Álvaro Obregón, los que mandaron asesinar a los símbolos populares de la revolución.

Porfirio Díaz y Benito Juárez no fueron enemigos ideológicos ni tenían proyectos distintos. Sólo los enemistó la ambición por la silla presidencial; pero el proyecto juarista, de 1858 a 1872, continúa con Lerdo de Tejada hasta 1876 y se mantiene con Porfirio Díaz hasta su salida en 1911. Con economía de libre mercado, Estado de derecho y respeto a las libertades sociales, México fue más próspero que nunca. Todo aquello de lo que se señala a Porfirio Díaz era el proyecto de Benito Juárez.

Los dos fueron oaxaqueños, los dos indígenas, los dos estudiantes del Colegio de Ciencias y Artes, los dos miembros del Partido Liberal y de la masonería. Los dos fueron opositores de Santa Anna y de Maximiliano, juntos lucharon contra el imperio, y la república se restauró en

1867, cuando Porfirio Díaz le entregó la capital a Benito Juárez.

Ya en aclaraciones juaristas, es bueno saber que fue el hombre que trajo el capitalismo liberal a México, junto con inversiones de sus aliados estadounidenses, así como ciencia y tecnología extranjera, porque la nacional no existía. Vale recordar también que las Leyes de Reforma, instauradas por Benito Juárez, quitaron sus tierras a las comunidades indígenas, y fue la causa de que cinco décadas después Zapata se levantara en armas contra Díaz y contra Madero.

Esa prosperidad fue resultado de una economía liberal, y de que el mundo occidental experimentaba una Revolución industrial en la que México, con sus recursos y energéticos, jugaba un papel fundamental...

Pero esa prosperidad industrial siempre trae de la mano eso a lo que llamamos injusticia social; la miseria, la alienación, las enormes distancias económicas y la imposibilidad de llevar una vida digna.

La miseria del pueblo, del proletario, fue el principal problema social del porfiriato, como lo fue en Estados Unidos y Europa, una consecuencia de la Revolución industrial; el lado oscuro del progreso.

Un problema que no será nunca resuelto por políticos, pues ellos viven del conflicto, pues con él siguen justificando su propia existencia. Un problema que no será resuelto ni por la izquierda ni por la derecha ni por ideología alguna; es un conflicto que debe estudiarse, analizarse y comprenderse sin ideologías de por medio, sino con análisis racionales, objetivos y científicos. Pero a nadie en el entorno político le interesa resolver los conflictos.

Esa tensión social estaba en su máximo punto de ebullición en las sociedades industriales, cuando en Europa comenzó la guerra mundial, y los fervores bélicos del proletariado fueron encauzados a las trincheras y no a la revolución proletaria internacional, por la que clamaba Lenin.

En México hubo revolución. No fue social, pero así la disfrazaron los que tomaron el poder. México tenía problemas sociales en 1910, pero era la mejor versión del país que habíamos construido hasta ese momento. México había vivido cuarenta años de relativa paz y mucho progreso, de problemas y conflictos también, desde luego; pero nunca una revolución, una guerra, una matanza y la destrucción de lo que se ha generado le ha servido a nadie, mucho menos a esos que padecen la miseria.

Como las cosas son injustas, la izquierda revolucionaria propone destruirlo todo. No hay forma alguna de que eso beneficia a alguien..., más que a esa izquierda revolucionaria ahora empoderada y construyendo desde las cenizas una estructura moldeada a su antojo, necesidad y conveniencia, y diseñada para no dejar el poder nunca.

Ésa ha sido la historia de cada revolución socialista o comunista de la historia. Rusia, Europa del Este, China, Corea del Norte, Vietnam, Laos, Camboya, Cuba y todos sus engendros bolivarianos, como Venezuela, Nicaragua, Bolivia, Perú, Argentina, México. En ninguno de esos países ha mejorado un ápice el nivel de vida de los desfavorecidos; los descamisados de Evita Perón, que así descamisados los quiere, porque así son pueblo leal y sometido, y por lo tanto bueno.

Ninguna revolución socialista de la historia ha hecho algo bueno por nadie que no sean los camaradas que tomaron el poder y se atornillaron a él. Viven en mansiones como la elite a la que critican; viajan, viven y comen a todo lujo como los monseñores a los que aborrecen; tienen varios palacios como los monarcas a los que detestan. Pero lo hacen todo por el pueblo y la causa de la justicia social.

Nadie se burla más del pueblo que los comunistas. Nadie los traiciona más que sus líderes revolucionarios, que ahora disfrutan de los privilegios que les quitaron a los privilegiados. Nadie le ha mentido más a todos los pueblos del mundo que la izquierda revolucionaria internacional.

Cuando Díaz tomó el poder, debió reconstruir un país que había vivido en estado de guerra perpetua desde su independencia, más una guerra civil de diez años, con todo y una intervención extranjera. Había diez millones de habitantes dispersos por el campo, 90 por ciento de analfabetas, una deuda nacional que superaba por cinco veces los ingresos, y rebeliones encendidas por todo el país.

Treinta y cinco años después, había una Universidad Nacional y un sistema de universidades en provincia, desayunos escolares y becas, la Escuela Normal de Profesores y educación laica, obligatoria y gratuita. Todo eso que se presume en el siglo XX como logros de la revolución... se logró recuperar lo que se destruyó en dicha revolución.

Había cuatro millones de alumnos a nivel nacional, en un México de unos catorce millones de habitantes que por primera vez podían desplazarse por el país, pues había seguridad, caminos y transporte, no como hoy. Hubo 36 000 kilómetros de vías férreas, teléfonos y telégrafo, cine, teatro y ópera, alumbrado público, pavimentación y agua potable.

Se construyeron hidroeléctricas, siderúrgicas y altos hornos; se comenzó a modernizar el campo y a exportar café, tabaco, algodón, cacao, ixtle, henequén y azúcar. México destacó en la producción mundial de textiles, papelería, calzado, alimentos, vinos, cerveza, cigarros, químicos, loza, vidrio y cemento.

Hubo acuerdos internacionales y respeto de otros países, sobre todo después de pagar la deuda externa que nuestro país venía arrastrando desde 1824, lo que trajo créditos e inversiones, trabajos e impuestos.

Se estableció comercio con Estados Unidos, Japón, China, Francia, España y Alemania. Hubo inversión europea en minas, industria pesada, petróleo, ferrocarriles y bancos. Se descubrió petróleo y se comenzó su extracción y refinación.

Y entonces hubo una revolución porque un aristócrata decidió que quería y merecía el poder, y dado que había malas condiciones sociales derivadas del mundo industrial, fue larga y violenta.

Madero convocó al pueblo y contrató mercenarios en 1910. Hacia 1940, a la salida de Lázaro Cárdenas, aún en medio de balaceras electorales; el Estado que se dice heredero de una revolución social se ha apropiado de las tierras, aguas, espacio aéreo y recursos, ha organizado a la sociedad en corporaciones, tiene monopolio de sectores esenciales y hasta determina la educación que debe tener el pueblo.

Todo se hizo en nombre del pueblo, pero el pueblo no fue beneficiado. Todo gira en torno a derrocar al opresor y romper las cadenas, pero el Estado revolucionario hizo un soldado en cada hijo, un siervo en cada campesino y un acarreado en cada obrero.

México es un gran país revolucionario, con partidos, movimientos y frentes revolucionarios, y sigue siendo un lugar donde las diferencias sociales son cada vez más grandes y la pobreza más insultante. Los políticos mexicanos llevan un siglo mintiendo cínicamente, señalando como culpable al empresario, al creador de riqueza, cuando sólo hay una especie que ha empobrecido y desangrado a México: sus políticos.

El "sufragio efectivo" exigido por Madero en 1910 se obtuvo hasta el año 2000, y la justicia social nos queda todavía muy lejos. Este retraso de casi cien años nos habla de que la justicia, el sufragio y la democracia no fueron nunca las prioridades del partido de la revolución... ni de su hijo color guinda.

México se levantó de su autodestrucción, y lo hizo con los tres elementos que hoy en día te quieren arrebatar: sueños, estudio y trabajo. No puedes confiar en nadie que te diga que soñar es egoísta, estudiar es conservador y que el trabajo no es necesario.

Petróleo: el mito oscuro del régimen

Veinte mil millones de pesos mexicanos se han dilapidado de la industria petrolera. Cuánto más podría haberse hecho con semejante suma en beneficio del país. Estigma para los mexicanos que han defraudado a la nación, como lo hicieran las compañías extranjeras robando nuestro petróleo.

Esto lo dijo Lázaro Cárdenas poco antes de morir. Vivió lo suficiente para saber que su proyecto socialista no había funcionado, y que la expropiación no había hecho nada por ningún mexicano que no fuera parte del sindicato petrolero. Era 1970 y el fracaso de la expropiación de 1938 era evidente.

No había funcionado, había generado más abusos, el petróleo no era del pueblo mexicano ni del gobierno, sino de un sindicato ladrón y corrupto; y el Tata descubrió lo obvio: que no hacían falta extranjeros para desfalcar a la nación, actividad que se les da muy bien a los políticos nacionales.

El general Cárdenas declaró lo que tarde o temprano descubren todos los camaradas, lo acepten o no en público: el comunismo no funciona; cualquier variable que se aplique conduce a la miseria y a la corrupción. Eliminar la libertad de comercio y de pensamiento, controlar todo desde el centro, destruir los mercados y expropiar las empresas, ha generado hambre y miseria desde la revolución soviética de 1917.

México vive más de ideología y narrativas que de realidad, y sobrevive más a causa del azar que de las estrategias. Hacia 1900 el petróleo comenzaba a mover el mundo y eso colocaba a nuestro país en el centro del ajedrez mundial. En Alemania tenían una inmensa flota con motores de petróleo, lo cual la hacía mucho más poderosa. El lord del almirantazgo británico, Winston Churchill, en 1912 pidió presupuesto para modernizar toda la flota y usar petróleo.

En abril de 1914 cien barcos norteamericanos invadieron aguas mexicanas, según nos contamos, para apoyar a Carranza y atrapar a Huerta. Esos barcos estaban aquí únicamente para vigilar el petróleo, que terminó estando a disposición del bando aliado en la Primera Guerra Mundial.

El periodo entre 1920 y 1937 fue de gran producción petrolera. El mundo salía de una guerra basada en petróleo, y se preparaba para otra. México era segundo productor mundial, puesto que jamás hemos vuelto a ocupar desde que el petróleo es "nuestro".

El discurso habla de la nación como dueña del petróleo. La realidad nos muestra a mafias de sindicatos y políticos beneficiándose, en exclusiva, de lo que proclaman que es de todos los mexicanos. Lo único que siempre ha sido de todos los mexicanos han sido las deudas derivadas de los abusos y excesos de la única empresa petrolera del mundo que no genera beneficios.

Si el Estado posee legalmente la tierra y las tierras, los campos y parcelas cultivables, el suelo y el subsuelo, hidrocarburos, piedras y metales, los mares y sus recursos... sólo se vive en un feudo gigante donde un burócrata es señor feudal. Nada es tuyo, todo es un préstamo, una concesión y, en el caso de México, un favor del gobierno.

El gobierno comenzó a ver el petróleo como una fuente de ingresos que podría mantener la dictadura revolucionaria que sustituyó a la dictadura porfirista. Pero pocos ingresos podía obtener el gobierno, pues a cada intento de cobrar impuestos a los empresarios norteamericanos, el país del norte amenazaba con invadir México.

En marzo de 1938, en vísperas de la Segunda Guerra Mundial, Lázaro Cárdenas construyó una serie de problemas que le sirvieron como pretexto para declarar la expropiación. En 1940, apenas dos años después, el propio Cárdenas ya se lamentaba de la avaricia del sindicato, por encima de la de las empresas extranjeras, avaricia sin límites, pues la empresa era propiedad del Estado, y al no ser una empresa privada, la productividad dejó de ser una meta.

En 1938, año de la expropiación, había 18 000 trabajadores petroleros; hacia 1940 ya eran 22 000, y la producción había comenzado a descender. En 1927, antes de la expropiación, la producción era de 64 millones de barriles al año, con una planta nacional de 12 000 trabajadores; en 1947, ya propiedad del Estado, 19 000 trabajadores extraían sólo 57 millones de barriles.

La expropiación no significó dejar de tener contratos con empresas extranjeras, pues hubiera sido imposible operar sin ellas. No hay un solo régimen socialista que no dependa de empresas capitalistas de inversión privada, pues son los que invierten capital, hacen investigaciones científicas y desarrollan tecnología.

En 1946 se le otorgó al sindicato 2 por ciento del valor de los contratos entre Pemex y compañías privadas. Con esas nuevas ganancias, obtenidas por un grupo de poder, con el petróleo de todos, los trabajadores sindicalizados comenzaron a convertirse en empresarios que brindaban servicios a Pemex y se hacían millonarios con dinero público, es decir, del pueblo.

Pemex comenzó a otorgarles a sus trabajadores hoteles, centros vacacionales y de espectáculos, gimnasios, clínicas y doctores, coche, gasolina incluida, todo con dinero del petróleo, que es de todos los mexicanos, pero cuya derrama se queda en el sindicato, que tiene bienes por más de mil millones de dólares, que no comparten con todos los mexicanos.

Dijo Milton Friedman que si a un gobierno le dan la administración del desierto de Sahara, en cinco años habrá escasez de arena. Parece exagerado, pero el gobierno mexicano demostró que es cierto. En 1938 tomó la administración del petróleo de un país que llegó a ser la principal fuente mundial, y a los pocos años ya se anunciaba la escasez.

¿Por qué comenzó a escasear un bien tan abundante? Simple, porque no sabíamos cómo sacarlo, no sabíamos usar los fierros expropiados y no había el menor interés en la productividad. Había interés en aquello en lo que Pemex se especializó: corrupción sindical, corrupción del Estado, robo de material y gasolina, aviadores, contratos fraudulentos, y demás actividades que merman toda utilidad. Eso es la historia del comunismo.

Ahogado en deudas, en 1958 Pemex recibió la noticia de que el gobierno, es decir, ellos mismos, le condonaba 200 millones de pesos en impuestos; en 1973 la condonación tuvo que ser de 3 000 millones. La empresa no era productiva porque no lo buscaba. Resultaba más conveniente para el sindicato, verdadero y único dueño, no ser productivos. Ventajas de ser mantenidos por todos los mexicanos.

Entre 1938 y 1973, el verdadero negocio petrolero de Pemex era no extraer petróleo. Las operaciones de la empresa se concentraban en otorgar contratos a empresas extranjeras que significaban millones y millones en comisiones, o en contratos con las empresas propiedad de los trabajadores, que dejaban bonos a unos, comisiones a otros y sobrecostos para todos.

Era tal la corrupción de Pemex, y estaba tan bajo el costo del barril de petróleo que simplemente no costeaba sacarlo de la tierra, era más barato importarlo desde Estados Unidos, a través de operaciones que también dejaban su derrama de corrupción.

En 1973 los países árabes declararon un embargo petrolero a Estados Unidos y sus aliados, lo que elevó considerablemente el precio del petróleo, con lo que Pemex tendría cómo capitalizarse. El nuevo nivel de precios hizo que, con todo y corrupción, fuera rentable sacar el petróleo de nuestros pozos.

En 1974 el barril de petróleo pasó de 2.5 dólares a casi 12, un alza de más de 300 por ciento, y México se benefició de las circunstancias, del azar, del mundo y sus giros, pero no de la planeación y no de la libertad económica, que siempre aprovecha las oportunidades.

En la década de 1970 los mexicanos nos enteramos de que el país nadaba en petróleo. Gracias a la suerte, éramos ricos. Esa riqueza, desde luego, sería repartida por el amoroso Papá Gobierno a un hijo dócil y obediente que formara parte de las estructuras de la gran familia que era el partido.

El mito y trauma del petróleo nos dice dos mentiras: que el petróleo es de todos los mexicanos, y que en él reside nuestra soberanía; cuando en realidad es del gobierno y el sindicato; y que no hay soberanía en depender de un recurso que se va a terminar, y que fue un regalo de la suerte.

En Estados Unidos el petróleo no es de la nación, sino de aquel que lo tenga en su propiedad, ¿entonces Estados Unidos, la potencia del mundo, no es un país soberano?

China es la potencia naciente del siglo XXI, tiene poco petróleo y lo extrae con capital privado, ¿China no es soberana?

La mayoría de los países con petróleo lo extraen con empresas y capital privado y extranjero, ¿todas esas naciones no son soberanas?

Los nuevos energéticos no los dará la geografía, sino la ciencia. La verdadera soberanía es individual y reside en la educación.

Pero el proyecto educativo de la revolución se diseñó con miras al adoctrinamiento y no al aprendizaje. Los mexicanos comenzaron a aprender a recibir todo del Papá Estado, y a ver como justo, lógico y normal que fuera éste, y no los individuos, supuestamente libres, quien poseyera las riquezas.

Por encima de un proyecto liberal, económico, científico, educativo y modernizador para México, el régimen emanado de nuestra guerra civil tuvo como primer objetivo el control político-social; generar un pueblo que viva del discurso sin ser capaz de ver la realidad. Ésa es la razón de que pueda existir Morena.

A esa manipulación de masas le llamaron nacionalismo revolucionario, que se impuso en las aulas como religión: de manera dogmática y sin análisis. A través de la historia oficial, en libros de texto gratuitos, con maestros controlados y adoctrinados por el gobierno y con muralistas que plasmaron una versión muy soviética de la "revolución" mexicana.

Así aprendimos que todo rico es un ladrón, que robar es la única forma de ser rico, que la pobreza es una virtud y que repartir la riqueza generada por otros se llama justicia social. Aprendimos a no ser productivos.

De ser propiedad de la Corona, los recursos de la nación pasaron a ser propiedad del Estado, pero nunca propiedad de individuos libres que puedan generar su propia riqueza y sacudirse la tutela de un gobierno que usa el paternalismo como herramienta de control. Si todos inútiles, todos controlables.

Salinas de Gortari y el sueño zapatista

Si la tierra es de quien la trabaja, ¿por qué el gobierno, que no trabaja la tierra, tomó posesión de ella después de la revolución?

Es muy importante saber que eso fue exactamente lo que pasó: el gobierno dispuso que todos los campesinos del país se agremiaran en organizaciones afiliadas al partido, y repartió las tierras que le arrebató a los hacendados, que también las trabajaban, entre campesinos pobres a los que no les dio la propiedad de dichas tierras ni recursos para trabajarlas... a menos que fueran leales al partido. Feudalismo sublimado.

El campesino, nuevo súbdito del partido de la revolución, sólo tenía el derecho de sembrar una tierra que en realidad era del Estado, con lo que el derecho a tener dónde vivir y cómo alimentarse estaba controlado por el Estado, que siempre podría arrebatarlo, o condicionarlo.

Con el pretexto de que todo es del pueblo, entonces todo se lo apropia el Estado, y entonces todo lo administra el gobierno, entonces nada es de nadie y el gobierno es dueño de todo. El Estado marxista se convierte así en el máximo opresor… y el PRI nació como un Estado marxista estalinista, desde antes de llamarse así, cuando era el Partido de la Revolución Mexicana de Lázaro Cárdenas.

Si nadie más allá del Estado puede tener nada, ni propiedades, ni inversiones, ni ahorros, ni nada, es evidente que las personas a cargo del Estado, que lo disfrutan todo, no pretenderán jamás entregar el poder, quedarse fuera del Estado y de pronto experimentar eso de no tener nada. Eso a lo que han sometido a todos.

Nada de esto es ideología. Son hechos históricos reales, contundentes y comprobados. Es la realidad del socialismo, comunismo, progresismo y todas las máscaras de la izquierda internacional. Negar esa realidad abrumadora con discursos y narrativas es ideología.

Todo el discurso político de la izquierda se construye en contra de la explotación; esto es, que alguien se quede con la riqueza generada por el trabajador; ese alguien es un explotador, y según el marxismo es la escoria de la especie humana. Eso, vivir de la riqueza producida por el trabajador, es la esencia de lo que hace el político y, por encima de todos, el político marxista. Nunca producen riqueza, por lo tanto, siempre viven de otros. No hay mayor explotador que el político.

En tiempos del porfiriato, el país producía excedentes agrícolas y era el primer productor mundial de varios productos del campo. Antes de eso, y desde la independencia, México era muy improductivo, por la guerra constante, y porque se mantenían los sistemas económicos virreinales, donde las tierras indígenas eran de propiedad comunal, con respeto a sus usos y costumbres de autoconsumo. Éramos un país de campesinos que no era autosustentable en cuestiones agrícolas.

Porfirio Díaz heredó ese México e impulsó la agricultura, claro, con un campo modernizado y bajo el esquema de grandes haciendas productivas creado por el liberalismo juarista. Todo esto lo destruyó Cárdenas al crear el ejido.

El ejido acabó con el campo mexicano, lo regresó al autoconsumo, e hizo que pasáramos de ser agricultores a ser nuevamente campesinos. El ejido promedio fue de tres hectáreas que no alcanzaban para tener una gran producción, en una tierra que no era propiedad del campesino, sino un usufructo que le daba el gobierno, quien también le daba las semillas, burros o tractores, y hasta el agua necesaria... a cambio de lealtad al partido.

El Estado se volvió propietario de todas las tierras, y fue el nuevo gran señor feudal, de todo un campesinado reducido a la servidumbre y limitado en sus posibilidades.

Como un mito debe estar atado a un personaje, el elegido para representar la fábula de los ejidos fue Zapata. Como la guerra civil —a la que llamamos revolución— la ganaron los aristócratas, Villa y Zapata, los que perdieron la revolución y cayeron fulminados por los aristócratas que la ganaron, eran vitales para construir sobre ellos la leyenda de la revolución social.

Muchos mexicanos creen que lucha zapatista nos legó el ejido; peor aún, muchos creen que el ejido fue un triunfo; más terrible: muchos piensan que Salinas de Gortari acabó con ese "derecho" al hacer las reformas a la ley que les permitieron a los ejidatarios ser realmente dueños de sus tierras, con títulos de propiedad.

Eso lo hizo para que ahora sí pudieran vender sus tierras y se las compraran los ricos y poderosos... Y es que para eso son tuyas; si no puedes hacer lo que quieras con tu propiedad, no es tu propiedad; si el Estado te impone prohibiciones sobre qué hacer o no con tu tierra, ésa no es tu tierra. El ejido es una farsa, es un robo del Estado disfrazado de justicia social.

Si la tierra es de quien la trabaja, no es el Estado quien debe poseerla; y así, Salinas de Gortari cumplió finalmente el sueño zapatista.

Durante el virreinato, hubo virreyes preocupados por la cuestión indígena, como Luis de Velasco, quien a principios del siglo XVII otorgó títulos de propiedad a comunidades, una de ellas, Anenecuilco Morelos. En el siglo XIX, las Leyes de Reforma de Benito Juárez desaparecieron esas propiedades.

Con la reforma juarista comenzaron las grandes haciendas que se hicieron productivas en el porfiriato. Una de ellas, la Hacienda del Hospital, en Anenecuilco, será la causa de la revolución de Emiliano Zapata.

Zapata luchó por Anenecuilco, no por el estado de Morelos o por México. Tenía en su poder el título de propiedad comunal otorgado por Luis de Velasco, con el que pretendía que a su pueblo se le restituyeran las tierras que ahora tenían los hacendados; pero derivado de la aplicación de las Leyes de Reforma juaristas, el título carecía de validez. Juárez fue el creador de las grandes haciendas productivas que destruyó Cárdenas.

Así es que, en 1909, un año antes de que Madero proclamara su Plan de San Luis, Zapata ya se había levantado en armas contra los hacendados, y comenzó una masacre en tierras del sur, arengando al pueblo con la idea de que tenían derecho a quedarse con todo aquello que era de los ricos; el mismo discurso de Hidalgo y de algunos políticos del siglo XXI: rencor social.

Hacia 1914 y 1915, villistas y zapatistas se perfilaban como ganadores de esa guerra civil que llamamos revolución, pero fueron detenidos por el poder y genio de Álvaro Obregón. Desde 1916 estaban en calidad de forajidos, en 1917 la guerrilla de Zapata se limitaba a los alrededores de Anenecuilco, y finalmente fue acribillado a traición.

Zapata no triunfó, su revolución no fue la que se alzó con la victoria. Bajo el gobierno de Lázaro Cárdenas se hizo el mayor reparto masivo de tierras. ¿Cómo? Despojando a los hacendados productivos que hicieron de México uno de los primeros países exportadores de campo. Ahí comenzó la debacle del campo mexicano, con el autoconsumo cardenista, no con el Tratado de Libre Comercio.

Pero también comenzó la construcción del campesinado como capital político, algo que han tenido en común todos los partidos de corte socialista y nacionalista, como el emanado de nuestra revolución, sea tricolor o su reflejo color guinda.

Países como Canadá, Estados Unidos o Australia, o Ucrania y Rusia, son graneros del mundo entero, no con ejidos, sino con grandes propiedades productivas, que los hacen autosustentables y exportadores en términos agrícolas, y, desde luego, generan empleos, riqueza y beneficio. Pero derivado del mito de la revolución y del ejido, en México no podemos ser así de productivos.

El partido de la revolución, en todas sus versiones y en todos sus hijos, nunca ha querido que su rebaño sea productivo. Eso eliminaría la necesidad del pastor.

Durante el virreinato, trescientos años antes de la revolución, la tierra era propiedad de la Corona, que la otorgaba en merced real, en usufructo, a un súbdito... Eso mismo es lo que hizo Cárdenas con los ejidos; convertir al campesino en siervo, en súbdito; a los obreros de todo el país en peones, y los recursos de todos los mexicanos, en una merced real, un favor de Papá Gobierno.

El fin de la revolución

Es difícil saber cuándo termina la revolución, porque en México nos encanta dejar las cosas a medias, sean las revoluciones, las refinerías, los aeropuertos o los procesos democráticos. Igual que la independencia: sabemos cuándo comenzó y la celebramos con cuetes y mentadas, pero su desarrollo y conclusión se nos van perdiendo, y de sus resultados simplemente no nos preguntamos.

Si era para quitar a Porfirio Díaz, terminó en 1911; pero entonces comenzaron las traiciones, los desconocimientos y los golpes de Estado hasta dejar en el poder el tirano Huerta. Entonces la revolución consistía en derrocar a Huerta, con lo que debió terminar en 1914.

Pero entonces todos se traicionaron entre sí y ya no tiene para cuándo terminar, pero podría parecer que terminó en 1917, con una Constitución y un gobierno reconocido por los Estados Unidos, el de Venustiano Carranza.

Fue entonces cuando el plan de Obregón era quitar a Carranza, y la revolución siguió hasta su asesinato en 1920, pero todavía mataron a Obregón en 1928, y para cuando Calles parecía estabilizar el país, comenzó la Guerra Cristera, porque los radicales que ganaron la revolución le querían quitar su religión al pueblo al que le dieron libertad.

Plutarco Elías Calles convirtió la revolución en partido en 1929. Con la creación de ese Partido Nacional Revolucionario podría terminar la revolución, pero faltaba que Cárdenas expulsara del país a Calles, destruyera su partido y construyera el propio: el Partido de la Revolución Mexicana, el papá del PRI, el abuelo de Morena. La gran familia revolucionaria que lleva un siglo esquilmando al país.

Pero ¿cuándo acaba la revolución? En realidad, apenas comienza. Ha terminado la guerra civil, y el régimen que se ha empoderado comienza a construir la narrativa de la revolución. La revolución no es un hecho histórico, es el cuento que se cuenta el régimen y que te inculcan como historia.

En México hubo veinte años de matanzas por tomar la silla vacía de don Porfirio. Veinte años de guerra y tres millones de muertos después, Obregón, Calles y Cárdenas comenzaron a construir al mito de la revolución, y como el pueblo no sabía leer, la mitología revolucionaria fue plasmada por los muralistas comunistas como Diego Rivera. Fiel a la ideología, todo tenía que ser conflicto: explotador contra explotado, empresario contra trabajador, español contra indio.

La revolución nos hizo conquistados de un plumazo, condenó al porfiriato al averno de la historia y nos vendió el relato del indigenismo glorioso, nos otorgó como por decreto tres mil años de historia, y nos hizo vivir con la mirada en el pasado. Desde entonces nos lamentamos del oro que nos robaron los españoles, del territorio que nos robaron los gringos y de que no era penal. Un siglo justificando nuestro fracaso con cuentos de hadas.

Pero en México no aprendemos nada. Seguimos esperando a que nuestros ancestros nos rescaten y desempolvamos los fantasmas del pasado para solucionar problemas del presente. Nos aferramos con uñas y dientes a un pasado glorioso que no existió nunca, y dejamos que el futuro se escape como aire entre los dedos.

Nos quejamos de la pobreza, pero votamos por los que la ofrecen, porque llevamos cien años convirtiendo la pobreza en virtud, le cantamos a la pobreza y la hacemos protagonista de nuestras historias. La honramos y nos aferramos a ella como si todo nuestro ser dependiera de ello..., y ése es el problema. Como el individuo que se aferra a su dolor, porque se identifica con él, México no es capaz de soltar su miseria. Es lo único que tenemos. Ésa es nuestra peor miseria.

Todas las mañanas te dicen desde el gobierno que tú, como mexicano, mereces poquito y no debes aspirar a más. No te alcanza, no eres suficiente como para soñar con la grandeza. Todas las mañanas, desde 2018, te repiten que México y los mexicanos merecen muy poco. Definitivamente es momento de contarnos otra historia.

7

EL PAÍS DE UN SOLO HOMBRE

> *El demagogo es el adulador del pueblo.*
> *Todos los aduladores son mercenarios, y todos*
> *los hombres de bajo espíritu son aduladores.*
> Aristóteles

La otra izquierda: la revolución fascista

La locura de un solo hombre había llevado a la debacle a todo un pueblo y una cultura. La Segunda Guerra Mundial se acercaba a su final tras más de cinco años de cruentos combates y decenas de millones de muertos. Era el 2 de mayo de 1945 y en Berlín no quedaba piedra sobre piedra.

En medio de los escombros de la antigua capital imperial, sólo dos símbolos se mantuvieron en pie: la puerta de Brandemburgo y el edificio del Reichstag.

Un fantasma recorría Europa; el del país de un solo hombre. En el periodo entre las guerras mundiales, los pueblos libres comenzaron a caer presas de sus tiranos, los fascistas y demagogos que le endulzaron el oído al pueblo para hacerse de un poder absoluto, y arrastrarlos en su locura hasta una guerra mundial.

Mussolini en Italia, en 1922, y tras él, todos los dictadores que siguieron su camino e imitaron sus pasos. Stalin, en 1924, que hizo del Partido Comunista de la Unión Soviética una corporación bastante fascista; y así, a lo largo de la década de los veinte, las democracias liberales fueron cayendo en manos de tiranos totalitarios, culminando con Hitler en Alemania en 1933.

Hoy despreciamos históricamente a dichos tiranos, pero todos en su momento fueron el héroe salvador del pueblo. Estudiamos historia para no repetir los errores del pasado, y no hay mayor error que entregar el poder absoluto.

Las tropas soviéticas llegaron al edificio del Reichstag y colocaron en su cima la bandera soviética del martillo y la hoz, en símbolo de absoluta victoria. Qué glorioso día, la dictadura nacionalsocialista había sido derrotada, y sustituida, por la dictadura comunista.

Hoy todos censuran el fascismo. Su nombre, símbolos y líderes son sinónimo de ignominia, la esvástica nazi es un signo despreciado universalmente…, pero sí se puede mencionar el comunismo, y a Stalin, Mao, Castro o el Che, junto con el temible escudo soviético del martillo y la hoz. Mataron más millones que todos los dictadores de la historia juntos, generaron más crueldad y dolor que cualquier régimen… y aun así se siguen presentando como una alternativa para la sociedad. Ese proyecto viene del más profundo rencor.

Los comunistas proclamaban la revolución proletaria internacional; los fascistas pregonaban la revolución socialista dentro del país. Dos narrativas diferentes, resultado de dos formas distintas de entender la izquierda: una es el socialismo global, y la otra es el de un solo país. Nada cambia para los individuos.

Socialismo de una sola nación, le dirá Mussolini, su creador; nacionalsocialismo le dirá Hitler. Comparten la esencia: son colectivistas, anulan al individuo, diseñan la sociedad según sus doctrinas, centralizan el poder en un partido, y el control del partido lo tiene una persona, que por lo tanto decide sobre toda la sociedad.

Nosotros somos lo mejor del mundo. Qué pueblo frustrado no quiere escuchar eso. Todo fue una traición, nos dieron una puñalada por la espalda, el mundo está en nuestra contra, pero no hay nadie como nosotros. El demagogo adulaba al pueblo hasta la irracionalidad. Ahora todo era muerte y destrucción.

El comandante militar de Berlín se rindió. Ya no había órdenes obsesivas de seguir luchando. Estaban solos. Hitler, el gran líder de la nación y el pueblo, el hombre que los envolvió en su locura hasta llegar a la destrucción, los abandonó con su suicidio.

¿Qué podría pasar por la mente de Hitler en aquella debacle? El fervor de su amado pueblo alemán no fue suficiente. En varias ocasiones le pidieron detener la guerra; la respuesta del Führer era que no derramaría una sola lágrima de compasión por el pueblo que no había sabido llevarlo a la victoria.

La revolución fascista caía en todos los frentes. Benito Mussolini, gran líder de Italia desde 1922, había sido finalmente destituido por el rey Víctor Manuel III, el 24 de julio de 1943, cuando era evidente que la guerra estaba perdida y el monarca quería asegurar su dinastía pactando con los aliados. Fue destituido, arrestado y llevado a encierro al norte de Italia, donde fue rescatado por un comando especial enviado por Hitler. Así se mantuvo en el poder en lo que llamó República Fascista del Norte de Italia.

En abril de 1945, las noticias de la derrota alemana le hicieron comprender que tenía que huir. Mussolini y su amante Clara Petacci trataron de salir disfrazados de alemanes a través de Suiza, pero un convoy de guerrilleros los descubrió, arrestó y fusiló el 28 en abril de 1945. Hitler alcanzó a saberlo.

Los cadáveres del dictador y su amante fueron llevados a Milán donde fueron sometidos a todo tipo de ultrajes por parte de la multitud iracunda, que no mucho tiempo atrás coreaba sus nombres. El cuerpo de Mussolini recibió golpes, patadas, puñetazos, lo arrastraron por el suelo y finalmente fue colgado de cabeza en la plaza pública.

Benito Mussolini murió ejecutado y destrozado por su pueblo. Adolf Hitler llevó a su pueblo a la muerte y se suicidó junto con ellos. El país de un solo hombre nunca termina bien.

Tanto Mussolini como Hitler llegaron al poder con el aplauso atronador de la multitud. El pueblo los amaba porque ellos amaban al pueblo. Lo decían en cada discurso. Generaron grandes esperanzas porque hicieron grandes promesas. Les vendieron mucho pasado con mucha gloria llena de ayer y nostalgia. Se señaló y se persiguió a los enemigos del pueblo, hubo revolucionarios y traidores.

El gran líder adula al pueblo, le dice lo que quiere oír. Le señala culpables y le promete venganzas con máscara de justicia. Ése es el demagogo, el que dice y hace lo que sea necesario para tomar el poder y hacerlo absoluto. El que miente descaradamente porque sabe que la multitud es adicta a sus mentiras.

Quién nos liberará de los libertadores. El demagogo llega siempre como amigo del pueblo. Es un paladín abnegado y justiciero que se ha abandonado a sí mismo para perderse en una causa suprema: el pueblo, la nación, la patria. Pero como nos dice Aristóteles, no es más que un mercenario del poder.

Ha sido así desde los bolcheviques hasta la Cuarta Transformación y no ha cambiado, Siempre se trata de las pasiones personales del líder carismático que logró romper las instituciones en una época de frustración popular. Lenin y Stalin, Mussolini y Hitler, Fidel Castro y el comandante Chávez, Evo, Ortega, Andrés... Se diluyen la izquierda y la derecha y sólo queda el poder. Todo es ilusión excepto el poder. Todo es poder y lo demás son narrativas.

No hay un solo líder de la América socialista bolivariana que no lleve a la práctica, como manual, las frases, rituales, eventos, mecanismos y estrategias de los fascistas del siglo XX, mezclados con actitudes y desplantes dignos de un monarca con poder absoluto señalado por Dios. Eso sí, ejercen su fascismo señalando como fascistas a todos los demás. Tristemente funciona.

De Versalles a Roma: el miedo a la libertad

La historia que terminó entre los escombros de Berlín, en mayo de 1945, comenzó en el esplendor del Palacio de

Versalles en 1919, cuando se estableció el orden tras la Gran Guerra de Europa. Cayeron imperios y nacieron repúblicas, los poderes monárquicos pasaron a los parlamentos, se hablaba de ciudadanos en vez de súbditos, de derechos y libertades.

Era 1919 y parecía que finalmente se podía hablar de democracia liberal. En 1789 los franceses comenzaron una revolución por la libertad y contra la tiranía de la monarquía absoluta, pero el siglo XIX no fue democrático.

Los franceses le cortaron la cabeza a su rey y proclamaron una república donde los radicales de la izquierda, los jacobinos, generaron más terror y opresión que cualquier monarca. Cuarenta mil descabezados después, el pueblo quería volver a la monarquía.

Entonces tuvieron a Napoleón, como cónsul y emperador, y después volvió la monarquía, en Francia y en Europa... pero ya no era lo mismo. Ahora el rey aceptaba la Corona por designio de Dios y el consentimiento del pueblo, que debía estar protegido por constituciones y representado por parlamentos.

La idea del valor y poder de los individuos racionales, buenos y libres, iba lentamente penetrando en las imprentas, libros y cortes de Europa. La democracia liberal fue germinando lentamente en las mentes del siglo XIX.

Pero la democracia es un engaño ideológico para adormecer al pueblo, según todos los cánones marxistas; una farsa donde los parlamentos representan a las elites; la ley no es más que un discurso de explotación, el Estado de derecho es la mentira para controlar, el patriotismo es una narrativa para encubrir la explotación, la ética y la moral son una imposición del poder...

Nada les gusta a los marxistas de siglo XIX. Todo es un engaño menos ellos, los únicos y legítimos representantes del verdadero pueblo, que no había ganado aún. La democracia de los burgueses era superior al imperio, pero la máxima superioridad moral descansaba en el comunismo, cuyo monopolio ideológico estaba en la Unión Soviética, cuyo destino total estaba en manos de un solo hombre: el camarada Stalin. Era como seguir teniendo rey.

Nuestras mentes son dominadas por las narrativas. Por eso la esencia de la izquierda revolucionaria no está en las cuentas, sino en los cuentos. No hay diferencia alguna entre la monarquía absoluta y el comunismo; y, sin embargo, hordas de proletarios frustrados, en gran medida gracias a los discursos, están dispuestos a dar su vida por acabar con la primera e instaurar la segunda. Nada cambiará; una persona tiene poder total, sí, pero esa persona representa al pueblo, no como la farsa del monarca que representa a Dios. Cuentos.

El gran discurso del siglo XIX no fue la democracia sino el comunismo marxista y su eterna lucha de clases. Docenas de sindicatos y partidos obreros, liderados e incitados por intelectuales que nunca habían tocado una máquina, estaban listos para levantarse en armas y acabar con el sueño democrático antes de que terminara de nacer.

La libertad es difícil. Es atractiva pero atemorizante. Te entrega responsabilidad total sobre tu vida y tu proyecto, pero no te permite señalar culpables; por eso la libertad genera angustia y vértigo.

El camino de la libertad es el camino de los sueños, de la creatividad y el ingenio, de la innovación y el emprendimiento, pero también es necesariamente el camino de las caídas. Quien se lance a perseguir sus anhelos y sus metas siempre se enfrentará alguna vez con el fracaso.

Aquí es donde la libertad da miedo y permite que llegue el discurso del resentimiento, esencia de la narrativa de izquierda, desde el comunismo de antes hasta el progresismo de hoy: yo no soy el responsable, alguien más tiene la culpa: la burguesía, el liberalismo, la democracia, el capitalismo, el neoliberalismo, el patriarcado, el machismo, la familia convencional heteronormada, los hombres blancos, el sistema, la vida, la Iglesia, el papa y Dios. Todos son culpables menos yo.

Ese discurso promueve la formación de seres humanos débiles, mediocres y sin posibilidades de autonomía, que es lo que siempre han buscado el comunismo y todos sus hijos colectivistas: anular al individuo para llevar a cabo la máxima venganza proveniente del resentimiento: si yo no puedo lograrlo, debo ocuparme de que nadie más lo logre. Si no puedo sobresalir, nadie más debe hacerlo.

El discurso marxista de la dictadura del proletariado se fue apoderando de los ánimos populares: un solo partido, una sola ortodoxia, una sola visión del mundo y un solo líder, quien decide por todo el pueblo y reparte los beneficios. Como cuando había rey. Antes era obligatorio creer en Dios, ahora es obligatorio no hacerlo.

La libertad es atractiva y atemorizante, y lo mismo pasa con el comunismo: atractivo para unos, los que buscan arrebatar, atemorizante para otros, los que serán despojados con discursos de justicia social.

El discurso comunista causó miedo a lo largo y ancho de Europa, pero las izquierdas resultaron tan impositivas y conflictivas que siempre terminaron luchando entre sí y acusándose de traición.

En el cambio de siglo nada hacía pensar que el comunismo tuviera éxito. Entonces el Imperio ruso murió en la guerra, y Lenin y los bolcheviques tomaron el poder en 1917.

Rusia no estuvo presente en la Paz de Versalles de 1919. El imperio había muerto en la guerra, y aún no nacía la Unión Soviética. En Versalles se estableció un orden mundial de nacionalismo, democracia y libertades, pero el comunismo internacionalista, absolutista y dictatorial, comenzaba a germinar entre las cenizas y los escombros de Rusia.

Tras la muerte de Lenin, Stalin estableció una estructura que dejaba todo el poder en manos de un comité del Partido Comunista. La vida de más de cien millones de personas dependía de las decisiones burocráticas e ideológicas de unos funcionarios de traje gris en Moscú.

Su modelo es parecido al del despotismo ilustrado del siglo XVIII en manos de los monarcas: el gobierno del pueblo y para el pueblo, pero sin el pueblo. Un solo partido creador de la ortodoxia, lo cual se parece mucha a la Inquisición, y regido por un pequeño grupo que toma las decisiones de todos, lo cual se parece mucho al absolutismo.

El partido asume que la soberanía reside en el pueblo, pero no por ello preguntará al pueblo su opinión, o se la preguntará después de alterar sus emociones en actos masivos. El partido representa al pueblo, por lo que la soberanía y propiedad de todos los bienes reside en el partido: el nuevo gran explotador. Es la historia de lo que el PRI intentó hacer con México en el siglo XX, y lo que Morena quiere hacer en el XXI.

El comunismo daba miedo porque planteaba una revolución mundial guiada por un gran partido, cuyo objetivo debía ser la destrucción del Estado capitalista, arrebatar todos los medios de producción a la burguesía y ponerlos al servicio de todos, bajo la administración del Estado, lo cual no acaba con la estructura de explotación, sino que cambia al explotador: el partido que representa a los explotados, mientras los explota, aunque los explota en su nombre y por su bien.

¿Por qué debe ser mundial la revolución? Primero porque dentro de un mundo que ya es global, sólo funcionará bien un sistema económico global; y segundo, mucho más importante, es la intolerancia propia de la revolución, tan parecida a la intolerancia monoteísta: sólo hay una ideología correcta y todo el mundo debe seguirla, aunque sea por la fuerza. Los inquisidores te queman, los reyes te cuelgan, los camaradas te fusilan. Sólo hay una forma correcta de ver y comprender el mundo.

La revolución es mundial, por lo que una vez tomado el poder en un país comienza la parte más importante: exportar la revolución, financiar partidos y ejércitos, generar redes mundiales y apoyar a los movimientos revolucionarios de otros países para llegar al poder, hasta que todos sea comunistas y coordinados todos por el gran partido en Moscú. No lo logró Lenin, pero fue lo que logró Stalin y lo que se coordina en el siglo XXI desde el Foro de São Paulo.

La revolución, la que sea, siempre es ganada por radicales, por eso la guerra civil es inminente, así como los juicios sumarios y asesinatos de todo aquel que no comulgue en todo con el nuevo régimen empoderado. Fue así cada vez que un camarada tomó el poder y creó el país de un solo hombre.

En Francia llegó el terror de Robespierre y un estado de guerra civil que Napoleón transformó en guerra internacional. En México, la revolución contra la dictadura de una persona se convirtió en una guerra civil de veinte años que dejó la dictadura de un partido.

En Rusia hubo cinco años de guerra civil y millones de muertos para poder crear la Unión Soviética, el 28 de diciembre de 1922. Lenin proclamó la Nueva Política Económica, que él mismo definió como capitalismo de Estado. Las promesas de la revolución se cumplían, nunca más el pueblo ruso sería explotado por la aristocracia o la Iglesia. Ahora sería explotado por el partido.

En el comunismo de Stalin, el partido está por encima del Estado, que a su vez está por encima del individuo, que no tiene valor más que como engranaje del colectivo y servidor del partido. Una única ideología es la forma de pensar correcta, y traidor es aquel que no la comparte. Como en los fascismos de ayer y de hoy.

El partido-Estado, a través de su indiscutible gran líder, dirige todos los aspectos de la vida social y controla los procesos económicos. La población queda dividida entre aliados y traidores, y el poder es sostenido por el ejército. Idéntico en cada detalle al fascismo. No son extremos que se tocan. Son lo mismo.

Hitler, Mussolini y Pinochet, Lenin, Stalin, Mao, Fidel y Chávez. No hay izquierda y derecha, hay mentiras y narrativas, hay ambición total, hay poder absoluto, hay dogmas incuestionables. Si una bota militar te restriega la cara contra el suelo, hace el mismo daño la bota izquierda que la derecha. Siempre es el país de un solo hombre.

La democracia se enfrentó desde el principio a la misma paradoja que amenaza con destruirla hoy y siempre: cree en la libertad. En democracia puedes votar por los comunistas, dado que tienen derechos políticos como todos, aunque su proyecto sea precisamente aniquilar la democracia y cancelar dichas libertades.

Ante el temor de que una democracia incipiente entregara el poder a los comunistas, la ciudadanía comenzó a apoyar a los líderes populistas como Mussolini y Hitler, que proclamaban una revolución socialista desde arriba, con el apoyo del pueblo y sin lucha de clases. Ese socialismo nacionalista es el fascismo. Así lo definió el propio Mussolini: "Durante toda mi vida fui socialista internacionalista. Cuando estalló la guerra vi cómo todos nuestros partidos internacionalistas se hicieron socialistas nacionalistas... eso me pasó a mí, y eso es el fascismo".

De Roma a Berlín: la izquierda fascista

El miedo es la mejor forma de controlar a la sociedad y, por lo tanto, el mayor enemigo de la libertad. Ante el miedo y sus derivados, como la rabia, la frustración, el odio, los individuos renuncian a su capacidad racional y su pensamiento crítico, se integran en la masa y se arrojan a los brazos de un tirano. Desde la antigua Grecia, la democracia muere en medio del aplauso de la multitud.

Mussolini supo aprovechar el miedo que flotaba en el ambiente italiano y arrebató el poder. El 30 de octubre de 1922, decenas de miles de Camisas Negras, el brazo armado del partido fascista, llenaron las calles de Roma coreando el nombre del tirano. El rey Víctor Manuel III le pidió formar gobierno. Tres años atrás Mussolini no era nadie, pero supo leer los ánimos populares y políticos.

Junto con el miedo, flotaban en el ambiente la pobreza, la frustración y la rabia. El pueblo italiano, heredero del Imperio romano, sentía que no se respetaba su papel en la historia, que no ocupaba el lugar de grandeza al que estaba destinado por su glorioso pasado. Todo eso les decía Mussolini. Era momento de recuperar los días de gloria. Llegaba el renacer del imperio. Qué pueblo frustrado no quiere escuchar eso.

Junto a todas esas emociones estaban también las proclamas y discursos comunistas, invitando a la eterna lucha de clases, el despojo de la propiedad y la revolución mundial.

Los comunistas usaban la miseria y las dolencias del pueblo para tratar de tomar el poder, como han hecho siempre; pero esas dolencias eran reales y no podían ignorarse. Por eso la revolución flotaba en el aire.

El conflicto social era real y palpable. El liberalismo puro ayudaba a los grandes magnates a amasar grandes fortunas y construir nuevos imperios, a los banqueros e inversionistas les permitía mover dinero, al comerciante promedio lo impulsaba a ser independiente del poder.

Sí, pero muchos no salían beneficiados de la libertad y no llegaban al nivel de vida digna. Faltaba la fraternidad de la Revolución francesa para que la libertad fuese favorable para todos. Ante esa realidad, el comunismo propone arrebatar todo a todos y que toda propiedad sea del Estado.

Y, claro, si tu proyecto es dejar a todos sin propiedad y poner toda propiedad bajo tutela del Estado, resulta evidente que pretendes tomar control sobre el Estado. Ningún sistema genera una elite explotadora más poderosa que la creada por el marxismo.

En ese contexto, Benito Mussolini propuso el fascismo como una tercera vía. Una revolución socialista, limitada a la nación, encabezada por el Estado, para contener la lucha de clases y el conflicto social, pero atender las demandas del pueblo.

La propuesta, de hecho, parecía sensata, pero Mussolini se engolosinó de pueblo, se creyó su papel mesiánico de redentor y forjador de un nuevo imperio romano, se creyó sus discursos y sus símbolos, hipnotizó al pueblo y a él mismo, e Italia se convirtió en el país de un solo hombre.

Mussolini nació en el reino de Italia en 1883 y creció en medio de proclamas revolucionarias y discursos marxistas que evidentemente influyeron en sus ideas. A los 17 años ya era miembro del Partido Socialista Italiano.

En 1902 terminó el bachillerato técnico y huyó de Italia a Suiza para evadir el servicio militar. Ahí se incorporó al sindicato de albañiles y obreros y comenzó a escribir artículos para periódicos socialistas, incitando a la revolución, por lo que fue encarcelado varias veces y hasta expulsado del país en dos ocasiones por agitador socialista.

En 1906 regresó a Italia y se dedicó a enseñar ciencias sociales de orientación marxista, y hacia 1909 se trasladó a la ciudad de Trento donde se dedicó a secuestrar periódicos para ponerlos al servicio de la causa socialista.

En 1911 se incorporó al Congreso socialista de Milán y se convirtió en editor del semanario *Lucha de Clases*. Un año más tarde sería también director de *Avanti*, periódico del Partido Socialista Italiano.

Todo iba en ascenso en la carrera socialista de Mussolini cuando estalló la Primera Guerra Mundial, a la que se sumó con gran fervor nacionalista, entre agosto de 1915 y febrero de 1917.

Todo era crisis y pobreza después de la guerra, y Mussolini, que sólo sabía hacer grilla y ser soldado, creó en 1919 el Fasci Italiani di Combattimento, grupo militar que sería semilla tanto del Partido Fascista como de sus milicias, las Camisas Negras. Entre 1919 y 1922 básicamente formó un ejército propio.

El 24 de octubre de ese año, con sólo treinta y cinco escaños en el parlamento, pero la fuerza de un ejército y las proclamas del pueblo, Mussolini le escribió una nota muy simple al rey: "O entrega el poder o marcharemos sobre Roma". El rey se lo entregó. Un año después tenía poderes de dictador.

Pero qué cosa que es el fascismo. Es, como lo señaló Mussolini, un socialismo nacionalista; es decir, la idea de establecer el socialismo en un solo pueblo y renunciar a la idea de la revolución internacional. No me interesan los proletarios del mundo, sólo me interesan los italianos, o los alemanes.

Pero más que un conjunto de ideas es una estrategia populista, de símbolos y narrativas, para mover emociones y pasiones de un pueblo frágil. Es demagogia pura. Es adular al pueblo para tener poder absoluto e incuestionable.

Mussolini, como hará después Hitler, se mostrará a sí mismo como el salvador del pueblo y de la patria. Hay que salvar al pueblo de la opresión capitalista a través del control económico, y hay que salvar a la nación de las otras naciones enemigas y de la revolución comunista por medio del control militar.

La única forma de salvar a toda una sociedad con tantos enemigos es tener el control total. Por eso terminó siendo militarista, ultranacionalista y totalitario. Al estilo de los comunistas o del PRI, se crea un partido que debe tener el monopolio total del poder, sin opción a ninguna otra forma de ver el mundo que no sea la del partido, que organiza a la sociedad en corporaciones dependientes del partido y que será el rector y árbitro de la vida social.

El partido fascista estableció los lineamientos de la vida para el pueblo, le dijeron qué pensar, qué decir y qué hacer. La libertad del proyecto democrático liberal era difícil, y el fascismo ofrecía los amorosos brazos de Papá Gobierno. Un Estado poderoso que regía cada aspecto de la sociedad y pretendía ejercer control sobre cada uno de los individuos. No es distinto de lo construido por Stalin ni de la copia que de ahí creó Lázaro Cárdenas.

El gobierno da y quita. El gobierno vigila y controla. El gobierno consuela y guía. Se cuentan gloriosas historias del pasado y se levantan majestuosos monumentos que nos recuerden los días de gloria a los que volveremos guiados por la voluntad y la inteligencia del caudillo. En México conocemos esa historia.

En eso no hay diferencias entre Hitler, Mussolini, Mao o Stalin. Aquí no hay izquierda y derecha, a menos que terminemos de comprender que el fascismo siempre fue y ha sido de izquierda. Como de izquierda fue siempre Mussolini, creador y papá del fascismo. Siempre hay colectivismo. Siempre hay caudillo. Siempre se vuelve al país de un solo hombre: el que sabe decirle al estrato más frustrado del pueblo lo que quiere oír.

Podemos perdernos en teorías, que si hay socialismo de derecha, que si el socialismo de izquierda es internacionalista, que si tal autor dice, que si otro más refuta, que si las teorías y los textos..., y así se pierde la izquierda en un laberinto de constructos y teorías que evaden a todos de la realidad.

La realidad es que la izquierda siempre ha sido colectivista, siempre busca la aniquilación del individuo, jamás ha apreciado las libertades y mucho menos las disidencias. La historia de la izquierda es fusilar opositores con ideas propias.

El marxismo abrazado por la Unión Soviética abanderaba la revolución proletaria internacional y proponía una identidad de clase: antes que ser francés, inglés o alemán, eres proletario del mundo. El fascismo de Mussolini proponía un socialismo basado en la nación, y su colega Hitler un socialismo basado en la raza. Siempre desaparecía el individuo.

La historia de Hitler es distinta. No fue un recalcitrante socialista en su juventud, como Mussolini, sino un fervoroso nacionalista pangermano, convencido de la superioridad de los arios.

Nació en 1889 en el Imperio austriaco y creció leyendo y escuchando teorías sobre la superioridad racial de los alemanes, que eran en realidad descendientes de un linaje puro de Adán, antes de que Eva fuera seducida por un demonio para engendrar razas inferiores.

Antes de ir a la guerra como voluntario en el ejército alemán, Hitler vivió todo tipo de penurias y carencias en las calles de Viena, sin hogar y con el sueño frustrado de no ser aceptado en la Academia de Bellas Artes.

Hitler tomó una decisión, una que muchos te siguen proponiendo hoy. Nada era su culpa. No era responsable de su miseria y de su fracaso. Él era perfecto. La culpa era de los demás: las otras naciones, los otros pueblos, las otras razas. Nada que no digan los ideólogos progresistas de hoy.

El Hitler que fue a la guerra a luchar por Alemania era un cruzado, así se sentía. El que regresó del campo de batalla estaba confundido, rabioso, frustrado y en búsqueda de culpables. La debacle de Alemania no podía ser culpa de Alemania. Los demás eran los culpables.

Ingresó como espía del gobierno de Baviera al Partido Socialista de los Trabajadores y terminó por convertirse en su líder gracias a su brillante narrativa. En 1919 era un desempleado, para 1923 daba un golpe de Estado fallido.

Eso lo llevó a la cárcel, lo que él interpretó como su descenso al inframundo, su transformación heroica. Salió de prisión convertido en el mesías de la raza aria. Diez años después tomaba el poder absoluto en Alemania con un discurso en contra de la democracia, el comunismo, el marxismo, el liberalismo y los judíos.

Hitler fue tomando un poder absoluto. Primero prohibió y encarceló a los comunistas, después a los socialistas y a toda la oposición. Después el parlamento estaba dominado por su partido, luego terminó toda división de poder, se acabaron los contrapesos; su partido le otorgó el poder total, se quemaron libros y se asesinó a disidentes; se persiguió y asesinó a todo enemigo de la causa.

Al final no quedó nada. Los oficiales en los frentes de batalla sabían que la guerra estaba perdida desde 1943, pero nadie se atrevía a decirle nada. Nadie podía contradecir al líder. Mientras los rusos tomaban las calles de Berlín por encima de su búnker, él seguía dando órdenes de cómo conquistar Moscú. Incluso en ese momento nadie le llevaba la contraria.

Un solo hombre llevó a la muerte a un país y un pueblo.

1945

Treinta años estuvo en guerra Europa, entre 1914 y 1945, y murieron en ese tiempo, tan sólo en ese continente, ochenta millones de personas.

Ochenta millones de seres humanos perdieron la vida, y repetimos tanto esa cifra que nos hacemos insensibles a ella. Había unos cuatrocientos veinte millones de habitantes en aquella Europa; doscientos millones de soldados marcharon a lo largo y ancho del continente en ese periodo. La mitad de la población era parte de una maquinaria dedicada a morir y matar, y 20 por ciento de la población perdió la vida defendiendo banderas e ideologías.

Era 1945 y la democracia liberal aún luchaba contra el comunismo y su dictadura de proletariado. Los franceses le cortaron la cabeza a su rey en 1793, pero eso no significó democracia; tuvieron la dictadura de Robespierre y el imperio de Napoleón antes de volver a la monarquía; y ante un nuevo intento de república se quedaron con Napoleón III.

Desde 1848 el fantasma del comunismo recorría Europa; Marx publicó su *Manifiesto* convocando a la revolución proletaria internacional, y el fuego prendió por toda Europa.

¿Qué había pasado? La Revolución francesa ya había proclamado libertad, igualdad y fraternidad, derechos del hombre y del ciudadano. Había terminado la monarquía, ya no había una persona en la cima de la pirámide tomando decisiones por todos y gobernando de forma paternalista, y eso fue quizás lo que muchos extrañaban.

Parece hermoso y romántico luchar por libertad y proclamar su nombre al viento, pero la libertad es sinónimo de incertidumbre, de responsabilidad, de madurez.

En la monarquía, cada miembro de la sociedad tenía su lugar asegurado. Fuera campesino, artesano, comerciante o noble, cada uno tenía su espacio en las cofradías, hermandades, gremios y demás instituciones, donde todos estaban representados ante el rey, quien, como gran padre, dirimía el conflicto social lidiando con los diferentes grupos de intereses.

La propuesta liberal es dejar que la sociedad se organice de manera libre y espontánea, que cada uno de los individuos busque su propio proyecto económico, político, social, individual y espiritual. Una interacción de individuos libres y racionales dentro de un pacto social, pero cada quien es responsable de sí mismo. Y, egoístas como somos, la libertad termina por no convencer a todos.

Aquí entra la bandera de la igualdad y un comunismo que funciona de manera terriblemente similar a la monarquía. El partido decide, el partido gobierna, el partido establece la doctrina oficial, el partido lo controla todo, y divide a la sociedad en gremios, sindicatos, comités y cofradías para, a través de ellos, controlar la vida social. La Corona era la institución por medio de la cual una persona, el rey, imponía su gobierno unipersonal. El partido es la institución mediante la cual una sola persona, el camarada, impone su total autoridad.

Como la monarquía, como el fascismo, como el nazismo, como el PRI, como la América bolivariana. Se termina la libertad individual y nace el país de un solo hombre.

Del 16 de abril al 2 de mayo de 1945, los soviéticos rodearon, sitiaron y tomaron la capital alemana. Berlín se rindió ante ellos y a los pocos días Alemania aceptó su derrota. La guerra había terminado.

¿Qué había ocurrido en Europa? Hacia 1900, el cambio de siglo llenó a todos de optimismo. No volvería a haber guerras en Europa, y la paz de Europa era la paz del mundo. Comenzaba una nueva era. Catorce años después se desató el infierno. Un serbio mató en Bosnia al archiduque de Austria, y aunque todas las potencias del Viejo Continente querían la paz, se declararon la guerra.

Los ejércitos recorrieron el continente, pero en realidad las potencias luchaban por el mundo entero. Desde el siglo XVI, las potencias europeas se habían repartido el planeta entero; en 1914 todo estaba dividido, pero los poderosos querían más.

Hacia 1945, dos potencias no europeas recorrieron Europa, penetraron en Alemania y se la repartieron. La división de Alemania era símbolo de la división de Europa, dominada por un lado por Estados Unidos, y por el otro por la Unión Soviética. El continente que llevaba cuatro siglos repartiéndose el mundo se convirtió en el botín que se repartieron los nuevos poderosos.

Las tropas comunistas recorrieron Europa oriental para liberarla de los nazis, y cada uno de esos países cayó bajo la opresión soviética. Quién nos liberará de los libertadores.

En 1944 los aliados y los soviéticos eran socios y amigos en su guerra contra el enemigo común. Un año después, en 1945, ya sabían que serían enemigos. Estados Unidos, Inglaterra, Francia y la URSS invadieron Alemania y no llegaron a ningún acuerdo sobre el destino del país. En 1949 lo dividieron en dos.

En agosto de ese mismo año, Stalin mostró al mundo la primera bomba nuclear de su país, y, en octubre, Mao Zedong proclamó en Beijing la República Popular China, con todo el apoyo de la Unión Soviética; juntos apoyaron el nacimiento de Corea del Norte. Se conformaba un poderoso bloque comunista a lo largo de Asia.

A partir de ese momento, la dinámica mundial será de Estados Unidos contra la Unión Soviética por el dominio del planeta, disfrazado como una guerra de la democracia contra el comunismo, que se nos vendía como una batalla metafísica del bien contra el mal.

Desde China se apoyó el comunismo en Corea, Vietnam, Laos y Camboya; desde Rusia el comunismo se extendió hasta el centro de Europa y la revolución se exportó a Yemen y el Medio Oriente, a África y a Cuba, desde donde se extendió, en su peor versión, por toda la América hispana.

No hay mejor ejemplo que Cuba para comprender el crimen de lesa humanidad que es el comunismo. Setenta años de dictadura, opresión y asesinato que han hecho de la isla caribeña un infierno en la tierra, mientras sus líderes no dejan de culpar al imperio, al capitalismo, a las circunstancias, a los poderes fácticos... setenta años de fracaso y pretextos. Ése es el espejo para reflejarnos, porque decimos que estudiamos historia para no repetir el pasado.

En cada uno de esos países se terminaron la libertad, el Estado de derecho y las garantías individuales; cada uno de esos paraísos comunistas significó la muerte de millones de seres humanos, y se convirtió en una prisión de la que estaba prohibido salir en busca de mejores oportunidades. En cada uno de ellos se estableció una doctrina de Estado y se declaró enemigo al que no doblegara su pensamiento; en todos se destruyó la riqueza y la capacidad de producirla. Todos fueron el país de un solo hombre.

Pero en 1945, el comunismo y la democracia unidos destruyeron el fascismo. Los siguientes cincuenta años protagonizaron una guerra de legitimación cultural que hacia 1989 fue ganada de momento por la democracia.

Pero el fantasma del comunismo recorre el mundo nuevamente...

La Corona y el comunismo

El comunismo es algo muy chistoso, o muy ingenuo o muy perverso, según se quiera ver.

¿Cómo va a ser chistoso? Es la propuesta intelectual más seria y novedosa de la historia de la filosofía, dicen sus intelectuales.

¿Cómo va a ser ingenuo? Ninguna corriente intelectual tiene mejores herramientas para analizar y comprender el mundo, afirman los ideólogos.

¿Cómo va a ser perverso? Si no hay nada que nos interese más que el bienestar del pueblo, sostienen los tiranos.

No tiene nada de novedoso, Marx sólo reinterpretó a su gusto a Hegel y torció mañosamente la teoría económica del valor-trabajo, asumiendo que sólo el obrero aporta valor y que nada, absolutamente nada, que dé el burgués contribuirá con algo. Tomó ideales de la Ilustración que mezcló con literatura utópica, pensamiento cristiano medieval, un poquito de pensamiento de Heráclito, todo aderezado con mucha frustración mal llevada.

Lenin tal vez analizó muy bien el mundo, pero no hizo una sola propuesta seria para mejorarlo. Todo es violencia, todo es revolución, todo es un engaño, todo está mal, sólo él puede salvar al proletariado, todo es mentira menos el comunismo, todo es falsa consciencia menos el marxismo. No existe el pensamiento crítico.

Señalan un montón de injusticias evidentes, hacen muchas teorías de por qué la vida no es justa, hacen que la gente se enoje y se frustre, toman el poder gracias a esa frustración… Y no cambian nada, porque ellos no han cambiado nada en absoluto.

Y hablando de perversidad, Stalin mató a treinta millones de personas que eran parte del pueblo.

Eran enemigos de la revolución, decía Stalin, pero en realidad eran enemigos suyos. Treinta millones de Stalin, diez de su amigo Lenin, cincuenta de su camarada Mao y a saber cuántos millones de sus compadres Fidel y el Che… Cien millones de muertos… De dónde salen tantos enemigos de la causa. ¿No será que simplemente no les gustan los que piensan diferente?

Parece que tienen razón, porque todo aquello que señalan está ahí, y duele a cualquiera que tenga emociones y sentimientos. Ahí está la pobreza, la explotación, la inequidad, el abuso, la aparente injusticia social. Todo es verdad.

Pero no tienen una sola propuesta para solucionarlo. Es más bien como si clamaran que no es justo que siempre roben los mismos; parece que es ahí donde buscan la justicia: que todos tengan su oportunidad de robar.

Se quejan de la monarquía absoluta donde el rey es nombrado por Dios Padre y tiene un poder incuestionable que dura hasta su muerte; y como eso no está bien, porque no lo está, proponen entonces que el líder del partido, ungido por Dios Pueblo, tenga un poder incuestionable hasta el día de su muerte. Ha sido así con cada camarada.

Critican a los parlamentos porque dicen que es una farsa que esas personas electas por el pueblo representen en realidad al pueblo. Probablemente tienen razón, pero lo que proponen a cambio es que sea el comité central del partido comunista, por el que no votó nadie, quien represente al pueblo.

Te liberan del poder del rey, pero no te liberan del poder del dictador; te liberan del engaño ideológico de la Iglesia, pero te someten al engaño ideológico del partido comunista; te dicen que es estúpido basar toda la sociedad en un solo libro, pero sólo saben citar el *Manifiesto comunista* de Marx; es absurdo que el papa sea infalible, pero Mao siempre tiene la razón.

Señalan que la propiedad privada de medios de producción genera riqueza en pocas manos y que eso es injusto. Tal vez lo sea, pero su propuesta es que sean ellos, y no otros, los que sean dueños de todos los medios de producción, para que sean ahora ellos, y no otros, los que tengan la capacidad de explotar al pueblo...

Es lo mismo con otro cuento.

8

EDUCACIÓN Y ESCLAVITUD

> *La educación es el arma más poderosa que puedes utilizar para cambiar el mundo.*
> NELSON MANDELA

Callar y obedecer

Las tropas del Ejército Rojo sitiaron Berlín el 15 de abril de 1945 y así inició la última gran batalla de la Segunda Guerra Mundial. El 30 de abril Hitler se suicidó en su búnker, el 1 de agosto las tropas soviéticas tomaron la Puerta de Brandemburgo y al día siguiente el edificio del Reichstag.

Los nazis fueron derrotados, no por la democracia liberal sino por el comunismo. Quizás por eso, hoy en día, Hitler y la esvástica son símbolos de opresión y tiranía que están prohibidos en todo país civilizado. Pero el martillo y la hoz del comunismo, así como las efigies de Marx, Lenin, Stalin, Mao y el Che, no están prohibidas en ningún lado, a pesar de ser responsables de muchas más muertes y torturas que los propios nazis.

Todo es siempre cuestión de narrativas, y la izquierda más revolucionaria ha sabido infiltrarse poco a poco en sistemas educativos, medios de comunicación, redes sociales e industria cultural para lograr legitimarse. Nazismo y comunismo son igual de colectivistas, asesinos y opresores, y, sin embargo, no se enseña esa realidad.

En las escuelas se sigue estudiando el nazismo como una vergüenza de la historia humana, pero del comunismo no se nos habla en los mismos términos. Seis millones de civiles inocentes asesinados es la cifra espeluznante, siempre asociada a Hitler, pero pareciera que los cinco millones de Lenin, los treinta millones de Stalin, los ochenta millones de Mao, los fusilamientos arbitrarios del Che y la dictadura de más de cincuenta años de Fidel no son en absoluto graves.

¿Cómo pudo ocurrir la barbarie nazi? ¿Cómo había sido posible que Hitler y los nazis sometieran mentalmente a Alemania y arrastraran a todo el país a esa locura de muerte, odio y destrucción?

El país con mayor producción artística, cultural e intelectual, el pueblo más y mejor educado, según todas las opiniones. ¿Cómo pasó? Y más importante aún, ¿podría volver a pasar? La educación. Ésa era finalmente la respuesta. Alemania era quizás el país más educado de aquel tiempo. Pero ¿qué tipo de educación recibieron esos alemanes?

En la segunda mitad del siglo XVIII surgió en Europa lo que hasta hoy se conoce como Sistema Educativo Prusiano. En Prusia, origen de la actual Alemania, nació la idea de que la educación debe ser gratuita, obligatoria, laica e impartida por el Estado.

Pero ¿puede liberarte una educación impartida por el Estado? El principal objetivo del Estado es someter, y lo primero que enseña el sistema educativo público es callar y obedecer. Después de eso, todo es nacionalismo, ideología, doctrina...

Es absurdo creer en un Dios invisible y omnipotente, pero creemos en un Estado idéntico. No hay cantos religiosos, pero hay himnos nacionales; no se comete el absurdo de morir por la fe, pero se educa para morir por la patria. Es supersticioso venerar una cruz cada domingo, pero cada lunes se venera una bandera.

Todos en México estamos familiarizados con este sistema, dado que es el que impera en nuestro país desde el siglo XIX hasta hoy. Ese esquema donde el Estado determina cuántos años debe durar la formación, qué contenidos se verán en cada año y cuáles deben ser los mecanismos de evaluación.

El Estado estandariza a todos los individuos y los llena de doctrina, nacionalista en el siglo XX, socialista y progresista en el XXI. Nada de eso genera libertad.

El Estado educa a los maestros que a su vez educarán a los alumnos bajo los lineamientos y contenidos que ha establecido el propio Estado. Difícilmente el bienestar, el desarrollo y la plenitud del individuo son lo que se persigue con este sistema. Todo está al servicio del Estado.

No es absoluto distinto a una educación donde la Iglesia define lo bueno y lo malo, adoctrina a los monjes que enseñan, controla los contenidos y quema los libros indeseables. Idéntico en cada detalle.

Por educación laica debería entenderse que esté libre de doctrina; no sólo de religión, sino de doctrina en general. Pero la educación pública la da el Estado, que siempre tiene ideología, y la ideología es la máxima enemiga de la libertad individual.

Alemania era el país más educado, y la educación contribuyó de forma decisiva a la barbarie nazi; una educación nacionalista, basada en la memorización y el adoctrinamiento, y que no generaba pensamiento crítico, la única herramienta que aleja a un pueblo de la tiranía.

Había, además, dos tipos de educación, como siempre ha sido, la pública y la privada.

En la educación privada, a donde acudían desde luego las clases que podían pagarla, se daba una educación más liberal y analítica; se enseñaba a pensar y mandar, como se esperaba que hiciera la clase alta. En la educación pública se enseñaba para aprender oficios, ser disciplinado, obedecer y trabajar bien para otras personas.

La educación de las clases altas, organizada y financiada por ellas mismas, tenía como objetivo mantenerlas en la cima, eso es obvio. Pero la educación de las clases bajas, organizada y administrada por el Estado, buscaba que los de abajo siguieran abajo.

Eso no ha cambiado en el siglo XXI, y es de hecho más evidente donde gobierna una hipotética izquierda social. La educación pública era una vil y vulgar capacitación para trabajadores. Estaba, y siempre estará, muy lejos de liberar.

El gobierno asumía que ciertas clases pagarían, como han hecho desde la antigua Grecia, por una educación de calidad. Eso dejaba vulnerable y a merced del Estado a la gran masa con menos recursos, que sería tomada bajo la tutela estatal para moldearla como obedientes y productivos ciudadanos que difícilmente cuestionarían las decisiones. Exactamente como hizo la Iglesia durante cientos de años.

La educación es el arma más poderosa para cambiar el mundo; y el primer mundo que debes cambiar y mejorar es el tuyo, pues sólo desde ahí puedes mejorar el de los demás. Eso sólo se logra con tu propia educación.

Quien inocula ideas en tu mente será siempre tu amo. Es muy importante no dejarle tu educación a la Iglesia o al Estado. Esa educación jamás te hará libre. Siempre debes dudar de ella, y complementarla de manera personal. Es tu vida lo que está en juego.

A nadie le importa tu plenitud, no le importa al Estado ni a los políticos o a los ideólogos. Sólo te importa a ti. Tu futuro está en la educación y valor que te des a ti mismo. El Estado siempre ha buscado controlar la educación, porque de esa forma te controla a ti.

De Newton a la Tierra plana

En 1727 Voltaire, símbolo de la intelectualidad francesa, estuvo en Londres en el entierro de Isaac Newton, símbolo de la revolución científica en Inglaterra y toda Europa. Su comentario al respecto fue: Inglaterra honra a un científico de la misma manera que los súbditos de otras naciones honran a un rey.

Aquí estamos trescientos años después venerando a futbolistas, políticos e *influencers* por encima de científicos y pensadores. Eso evidencia el fracaso de los sistemas educativos públicos en el mundo moderno.

Sir Isaac Newton representa la cúspide de la Revolución Científica. Una nueva era en la historia del conocimiento humano, la capacidad de descubrir leyes de la naturaleza y verdades objetivas del mundo físico. Ése es el conocimiento que da poder, como dirá Francis Bacon, un conocimiento que permite establecer leyes, hacer experimentos, predecir resultados y mejorar la vida de las personas. Ése debería ser el objetivo de toda educación y todo conocimiento.

En 1543 Copérnico publicó su *Revolución de los cuerpos celestes*, donde demostró la redondez de la Tierra y su movimiento alrededor del Sol, información con la que poco después Kepler descubrió el funcionamiento del sistema solar. Datos científicos que tuvieron que sostener y defender ante la Iglesia, que aún monopolizaba el conocimiento de aquella época...

Y aquí estamos medio milenio después escuchando a terraplanistas; otro evidente fracaso de un sistema educativo que aún no logra hacer que la gente común comprenda la ciencia, la lógica y la razón.

Cada vez que alguien dice que la Tierra es plana vuelve a condenar a Galileo, que se enfrentó contra el papa, la Inquisición y la Iglesia, tratando de que los datos comprobables pesaran más que la ideología y la doctrina. Cuatrocientos años después parece que le fallamos a Galileo y que nuestro planeta vuelve a ser plano, inmóvil y el centro del universo.

Copérnico, Kepler, Galileo y Newton son la columna vertebral de la Revolución Científica. Comienza con ellos el triunfo de la razón y la lógica sobre la superstición, el fanatismo y el adoctrinamiento, y abrieron camino para otro momento cúspide en la historia de la intelectualidad humana: la Ilustración.

Casi setenta años después de la muerte de Newton, el 11 de julio de 1791, se celebró un gran funeral en París. Estudiantes, actores, músicos, artistas e intelectuales portaban estatuas, retratos y las obras completas de Voltaire hasta el panteón de París donde descansa desde entonces.

Voltaire había muerto en 1778, antes de la Revolución, y como enemigo de la monarquía y de la Iglesia no había recibido un funeral digno. Fue por eso que en 1791, sin rey y sin Iglesia, se decidió honrarlo como el gran intelectual que era: el símbolo máximo de la Ilustración.

La Ilustración fue un movimiento filosófico, artístico e intelectual que se desarrolló principalmente en Francia y en algunos otros reinos de Europa. Se basaba en una absoluta confianza en el ser humano y un futuro promisorio para la humanidad si nos guiábamos por la luz de la razón y no por la superstición y el fanatismo, disipar las tinieblas de la ignorancia humana mediante las luces de la razón. Parece que los sistemas educativos también le fallaron a los ilustrados.

Toda la democracia moderna está basada en este principio. La idea de que el ser humano, libre, racional y dueño de sus pasiones, puede y debe gobernarse a sí mismo. Tendríamos que preguntarnos si hoy somos libres, racionales y dueños de nuestras pasiones.

El hombre es bueno por naturaleza, dijeron pensadores como el propio Voltaire, o como Rousseau; pero esta bondad natural depende por completo de ejercer la razón y la libertad, lo cual es imposible si uno está sumergido en la ignorancia, perturbado por el fanatismo y guiado por ideologías.

El secreto de la libertad democrática radica en educar al pueblo, mientras que el principio de la tiranía es mantenerlo en la ignorancia. Por eso no se puede confiar en la educación que da el gobierno, menos aún si es populista y apuesta directamente por tu ignorancia.

Aquí estamos, tres siglos después de Voltaire, viendo la decadencia de la democracia liberal y atestiguando cómo, en nombre de la libertad, hacen todos los sistemas opresores, se levantan los nuevos totalitarismos, que desde la izquierda supuestamente libertaria establecen regímenes dictatoriales y absolutistas.

Pasa frente a todos y nadie lo ve. Ése es el poder de las narrativas. Le llamo progresismo al atraso más recalcitrante; te someto mientras te hablo de libertad; camino hacia la dictadura mientras levanto el puño izquierdo muy en alto; te hablo de tolerancia, pero siempre de ti hacia mí y nunca al revés; proclamo la inclusión y excluyo con ella a cualquier grupo o individuo con el que no esté de acuerdo.

Multitudes de durmientes claman por despertar, millones de esclavos sublimados se sienten libres, el pueblo se somete en nombre del pueblo, el odio se vende como progresismo, la destrucción de las palabras como solución y la alteración del pasado como justicia histórica. Los dictadores hablan de democracia, y la democracia se ha convertido en la tiranía de las masas.

Bajo el esquema monárquico, las libertades eran pocas, pero muchas más que en el socialismo, donde simplemente no existen; el rey tenía un poder enorme, pero nunca comparado con el poder total y absoluto de cada dictador comunista; murieron disidentes, pero nunca como las decenas de millones de seres humanos que han sido asesinados por el comunismo. Se dice que la Inquisición controlaba el pensamiento, pero en las dictaduras de izquierda, todo aquel que no piensa como el líder supremo, es traidor y debe morir.

Comunismo y socialismo son un regreso a la era monárquica, incluyendo el aspecto de la educación, que regresa de la ciencia a la doctrina y el dogma. Ésa es y siempre ha sido la propuesta de la izquierda revolucionaria: un nuevo rey, que en vez de ser nombrado por Dios Padre es nombrado por Dios Pueblo.

Basta con revisar la historia de cada dictador comunista de la historia. Lenin, Stalin, Brézhnev, Mao, Fidel Castro, la dinastía Kim en Corea del Norte... Siempre tienen el poder absoluto, sus decisiones son incuestionables porque son más infalibles que el papa, no hay ninguna división de poderes que garantice la libertad de los ciudadanos, que en realidad vuelven a ser súbditos, y todos permanecen en el poder hasta su muerte.

El proyecto educativo de la llamada izquierda nunca ha estado encaminado a liberar, porque su objetivo siempre ha sido someter y colectivizar; no busca hacer ricos a los individuos porque se acabaría la clientela política de esa izquierda; y no pretende generar pensamiento crítico, porque las personas descubrirían todo lo anterior.

Matar por principio

La Unión Soviética emergió de la Segunda Guerra Mundial como gran potencia, con un proyecto económico, político y social que implicaba la colectivización de todo medio de producción y el aniquilamiento del pensamiento individual.

Hacia 1945, entre Lenin y Stalin, se le podían contar a la URSS unos cincuenta millones de muertos, los traidores y las víctimas que el comunismo siempre ha necesitado para consolidarse. Desde Robespierre, pasando por Lenin, Stalin, Mao, Fidel, el Che, y hasta llegar al comandante Chávez o Daniel Ortega, los regímenes de izquierda siempre han creído en la violencia generadora, y la validez ética de matar a todo el que no esté de acuerdo con el pensamiento oficial.

La educación nos permite cambiar el mundo, como dijo Mandela; precisamente por eso es fundamental que no dependa de Estados, políticos e ideólogos. Nunca cambiarán el mundo a tu favor ni a favor de la libertad.

Hacia 1949 los soviéticos tuvieron su propia bomba atómica, y aseguraron con el poder nuclear la opresión de media Europa. Ese mismo año apoyaron el triunfo de Mao en China, donde hubo asesinatos de empresarios, intelectuales y opositores, adoctrinamiento de jóvenes, culto a la personalidad de Mao, destrucción del pasado y control sobre los medios de comunicación y los contenidos educativos.

Alemania Oriental, Polonia, Checoslovaquia, Rumania, Bulgaria, Hungría..., ninguno de esos países optó por despojarse de sus bienes y abrazar el comunismo. A todos se les impuso por la fuerza en aras de la revolución proletaria internacional. Después, la educación fue cambiada por adoctrinamiento y el razonamiento por fanatismo.

Desde la Unión Soviética se apoyó la revolución alrededor de todo el planeta, y el comunismo se convirtió en la cárcel más grande del mundo.

Rusia, China, Corea, Camboya, Vietnam, Laos, Angola, Cuba, Nicaragua, Polonia, Checoslovaquia, Rumania, Bulgaria, Alemania Oriental... en ninguno de esos paraísos socialistas existía la libertad de abandonar el país. No te doy una vida digna aquí, y te asesino en nombre de la revolución si quieres ir a buscarla a otro lado.

El fantasma del comunismo recorre Europa, dijo Marx en 1848. Es curioso que haya usado esa fantasmagórica metáfora, porque el comunismo fue efectivamente un espectro que con el paso del tiempo destruyó todo a su paso. Un fantasma que mató a más de cien millones de personas. Un fantasma que siempre amenaza con volver.

En Rusia se impuso con Lenin, tras cinco años de guerra y cinco millones de muertos; luego llegó Stalin, y con él, las purgas del ejército, del partido y finalmente de la sociedad.

Purgar y eliminar sistemáticamente a todos aquellos individuos que, ejerciendo las más importantes de sus libertades, la mental e intelectual, resultan incómodos para el sistema y el partido.

¿A quién se perseguía? ¿Quién era purgado para purificar a la sociedad? Primero, y como siempre, a los disidentes, es decir, a quienes no están de acuerdo, los que piensan distinto. Después, a los enemigos del pueblo; éstos son los que se negaban a entregar al partido sus tierras, sus cosechas, sus animales o sus máquinas.

Luego vienen las clases medias, absolutamente indeseables para todo dictador; porque piensan y generan riqueza por su cuenta, y esto no puede ser tolerado. A la clase media y a los ricos se les mandaba a morir en trabajos forzados, para que aprendieran, para que dejaran de ser burgueses. La venganza como piedra angular del sistema.

Después, siempre toca el turno a los científicos, porque no hay más verdad que la del partido, como inquisición medieval. Los científicos debían adaptar la verdad a la ideología partidista. Y a la par de los científicos estaban los intelectuales, los escritores y los artistas... que tienen la terrible manía del pensamiento independiente.

En Rusia, hubo veinte millones de muertos entre 1917 y 1939. Más los de la guerra mundial, más las hambrunas que siempre acompañan al comunismo, más las purgas de los siguientes dictadores... cincuenta millones de muertos sólo en la Unión Soviética.

En China, entre la revolución, las purgas y las hambrunas, podemos contar unos sesenta millones en el cálculo más conservador. Hubo ejecuciones de científicos en plazas públicas, ante el aplauso de la multitud, por defender la teoría de la relatividad, y eso viene de los que dicen que la religión es el opio del pueblo.

En China, con el Gran Salto Adelante, murieron millones en trabajos forzados de dieciséis horas al día con dos raciones de alimentos; y en la Revolución Cultural fueron asesinados filósofos y artistas... o cualquier persona que leyera libros prohibidos; nuevamente como en la Edad

Media. Todos, en cambio, debían leer el *Libro rojo* de Mao, la cartilla moral de aquel tiempo.

En Corea del Norte murieron cuatro millones de personas para poder establecer el régimen que hoy compite con Cuba por ser la prisión más grande del mundo. Hablando de prisiones, no hay que olvidar que, entre 1949 y 1961, huyeron de la Alemania comunista cinco millones de personas, y entonces la dictadura decidió levantar un muro alrededor de Berlín oriental. Está prohibido huir del paraíso.

En Camboya, el dictador Pol Pot decidió que las ciudades y las universidades eran malas para las personas y que todos debían vivir en comunas agrícolas. Ejecutó a dos millones de personas, la mitad de la población de su país, por no estar de acuerdo y no querer dejar sus casas. En Vietnam hubo otros cuatro millones de muertos por la represión comunista.

Las cifras de otros países no deben minimizarse por ser menos escandalosas. Un millón de muertos en Afganistán, otro millón en Yugoslavia y en Alemania Oriental, medio millón en Mozambique, en Etiopía y en Rumania; 250 mil en Checoslovaquia, al igual que en la Venezuela de Chávez, en Polonia, en Hungría, en Angola.

Lo dejó claro el propio Che Guevara en la Asamblea de Naciones Unidas, en 1964: "Es una verdad conocida y la hemos expresado siempre ante el mundo. Fusilamientos, sí. Hemos fusilado, fusilamos y seguiremos fusilando mientras sea necesario. Nuestra lucha es una lucha a muerte".

Es una lucha a muerte contra el que piensa diferente. La única patria del revolucionario es la revolución. El comunismo mata por principio.

Educar en la esclavitud

Conocemos el proverbio chino que dice: si quieres alimentar a un hombre por un día dale un pescado, si lo quieres alimentar toda su vida enséñale a pescar. El agregado moderno sería: si quieres sacarlo de su pobreza para siempre, enséñale a posicionar su pescado en los mercados internacionales.

En los países con visión a futuro se sabe que la pobreza y la ignorancia son un lastre, pero en nuestro país son un botín político. En México los políticos siempre han preferido regalar migajas al pobre, ya que eso lo mantiene pobre y con esperanzas, y desde luego lo hace ir a las urnas. El ser humano que ya no tiene que preocuparse por la subsistencia puede dedicarse a pensar, y millones de individuos pensantes es un panorama que ningún político mexicano quiere.

La pobreza y la ignorancia son los dos elementos que más pesan sobre los hombros de un pueblo y una nación, y son las dos anclas más pesadas que nos atan al pasado.

El último proyecto mexicano contra la ignorancia y la pobreza fue en el periodo liberal Juárez-Lerdo de Tejada-Díaz. Juárez hizo el primer intento por crear más puestos de maestros para toda la población con su programa "Soldados por maestros", al tiempo que señalaba: "Escuelas y no templos, presente y no pasado es lo que México necesita".

Porfirio Díaz tuvo el proyecto de cambiar la educación en México, acabar con la superstición e imponer una enseñanza científica, para lo cual creó el sistema de universidades de provincia y la Universidad Nacional. Fue el primer presidente que dio becas de gobierno y desayunos escolares, y decidió que México necesitaba un sistema de educación basado en aprender a pensar y no en memorizar.

Después de la revolución, Lázaro Cárdenas cambió la Constitución, y donde decía que la educación debería de ser obligatoria, gratuita y laica, él cambió lo último por socialista, y comenzó el adoctrinamiento marxista de los maestros, para que ellos pudieran adoctrinar a su vez a los niños. Comenzó nuestro culto a la pobreza.

No hay mayor tiranía que la inequidad promovida de forma deliberada por un gobierno que tiene como objetivo sumergir al pueblo en la esclavitud de la ignorancia, a través de un sistema educativo que nunca ha pretendido educar. El proyecto educativo emanado de la revolución, el del PRI y el de todos sus hijos hasta llegar a Morena, siempre ha sido el adoctrinamiento.

Pero ¿cómo educar sin educación?

En Inglaterra, 40 por ciento de los profesores universitarios tienen doctorados, en Brasil la cifra es de 30, en Argentina y Chile de 12, en México es de 3 por ciento, y los maestros no quieren que se evalúe su desempeño.

La educación es dinámica en su esencia, se transforma, debe ir a la vanguardia de los acontecimientos e incluso por delante de ellos; no siglos atrás como en nuestro país, no estática e institucionalizada, libre y no sindicalizada.

La educación es un tema que no puede ser rehén de un grupo de presión política, pues el único contacto de nuestros niños con el futuro es precisamente la educación, que aquí nos sigue hundiendo en discursos ideológicos del pasado, con lo que sólo promueve la desigualdad y hace más grande la brecha social.

En Japón el año escolar tiene 243 días, 220 en Corea del Sur, 216 en Israel y 200 en Países Bajos, justo como en México; pero de esos 200 días obligatorios habría que descontar las huelgas, las reuniones docentes de fin de mes y el hecho de que un maestro jamás podrá ser despedido, incluso si no va a impartir sus clases.

A eso sumemos las cuatro horas diarias de educación en escuelas que fungen como guarderías y donde la premisa es pasar a los alumnos; eso contra las diez horas que estudian los niños de China o Singapur. Millones de niños chinos están estudiando doce, trece y hasta catorce horas por día.

México tiene los recursos, el talento, el trabajo, la posición estratégica, TODO para despegar, y, sin embargo, seguimos en tierra. Si tenemos todo en apariencia, lo que falla son las ideas, y ésas vienen de la educación; una en la que seguimos enseñando a los niños mexicanos a venerar la pobreza, a culpar al español y al gringo, a que la riqueza de la nación dependa de los recursos naturales, a que "sin *máiz* no hay *páis*", que la tierra es de quien la trabaja, que fuimos y somos conquistados, que todo extranjero es sospechoso, o que la soberanía depende del petróleo. Discursos ideológicos a los que muy poco les importa la realidad.

Asia se está quedando con el futuro, ahí donde estudian diez horas en lugar de cuatro, y donde todos aprenden inglés porque es el idioma de la globalización, sin que algún político oportunista diga que es una imposición del imperialismo. Pero mientras los asiáticos están guiados por el pragmatismo y obsesionados con el futuro, los mexicanos estamos guiados por la ideología y obsesionados con el pasado.

En países como Alemania, Finlandia, Dinamarca, Suecia o Noruega, los maestros necesitan haber cursado una maestría y algunas carreras en educación para poder enseñar en primaria, y una licenciatura para ser maestros de jardín de niños.

En Singapur la educación es una obsesión, a grado tal que, mientras nuestros billetes nos muestran a Nezahualcóyotl o a Morelos, en su billete de dos dólares, el de mayor circulación, en vez de mostrar un símbolo del pasado como Benito Juárez, aparece un símbolo del futuro: un grupo de estudiantes, con libros sobre la mesa, escuchando las palabras de su profesor, que evidentemente tiene un doctorado; se ve también una universidad y debajo de la imagen aparece la palabra EDUCACIÓN.

Singapur se independizó en 1962 tras siglos de dominio portugués, neerlandés y británico; y era uno de los países más pobres del mundo. Hablamos de un país que no tiene ningún recurso natural, ni petróleo en el cual basar su soberanía, ni agua potable; pero Singapur tiene un ingreso per cápita de 133 000 dólares por año, casi diez veces más que en México.

La apuesta vital de Singapur fue la educación, y por eso aquel país sin recursos naturales es más rico que los que tienen gas y petróleo, y dependen de su suerte geográfica. Desarrollaron el único recurso 100 por ciento renovable: la mente de sus habitantes.

Una de las medidas más importantes fue la adopción del inglés como idioma oficial del país, junto a sus lenguas nativas como el mandarín, tamil y malayo. Hoy, así en inglés, Singapur es el puerto comercial más importante del mundo.

En México hablamos español, somos el mayor país hispanohablante, una lengua hablada en más de veinte países y por unos quinientos millones de seres humanos; tenemos la fortuna de hablar una de las cuatro lenguas con el mayor número de hablantes. Otra lengua importante es la de nuestro vecino del norte, el inglés, que es además la lengua universal, guste o no, nos caigan bien los gringos o no.

En México deberíamos hablar inglés todos, porque es la lengua de nuestro principal socio comercial, porque son los turistas que más vienen a México, porque es nuestro vecino y porque impusieron su idioma en el mundo.

Si nuestro español ya nos permite comunicarnos con quinientos millones de personas; el inglés ampliaría nuestra comunicación con cuatrocientos cincuenta millones de angloparlantes, más unos quinientos millones de personas que lo hablan como segunda lengua; pero, en lugar de eso, hay proyectos que buscan educar y evaluar en zapoteca, náhuatl, maya u otomí, con lo que no sólo les cerraríamos a esos niños la puerta del inglés, sino ahora también la del español.

Por más "progresista" que nos digan que es esta idea, y por más incluyente que se nos presente, lo que hace es alejar a los niños del progreso global e impedir que se integren en el mundo. A cualquier alumno educado en otomí ya se le negó para siempre la universidad, y toda experiencia internacional.

Esos niños están condenados a la desigualdad incluso antes de nacer, y están siendo condenados por los maestros. NO se está diciendo que no se les respete su lengua natal, tan sólo que, además, conozcan el idioma en el que se entiende el mundo.

En México podemos seguir viviendo en la década de los cuarenta del siglo XX o aceptar que estamos en el XXI, y eso sólo puede lograrse con una educación moderna e internacional, sin nacionalismo excluyente, sin miedo al extranjero, sacando el mayor provecho de la globalización en vez de navegar a contracorriente.

Mientras los maestros no se asuman como educadores en vez de como activistas políticos, serán ellos quienes sigan condenado a la desigualdad a las futuras generaciones; les pondrán las cadenas a aquellos que deberían liberar.

9

LIBERTINAJE MEXICANO

Nadie es más esclavo que el que se siente libre sin serlo.

GOETHE

Cuando los buenos roban

El amanecer de 2017 llegó con una decisión que prendió nuevamente la mecha corta del pueblo mexicano: el gasolinazo. Con petróleo que, según la leyenda nacionalista, es de todos los mexicanos, el gobierno subió 40 por ciento el precio de la gasolina, una que nos obligan a comprar al precio que él disponga, porque tiene el monopolio del energético.

Por alguna extraña razón, el hecho de que los ciudadanos mexicanos no tengamos libertad de comprar combustible al mejor precio posible, y estemos obligados a comprárselo al gobierno, es el sustento de nuestra soberanía.

Así iniciamos 2017. La indignación contra el gobierno era totalmente justificada, así es que el pueblo salió a las calles a entregarse al saqueo de tiendas de abarrotes, supermercados y almacenes. Ninguno de ellos, por cierto, propiedad del gobierno, sino de otros elementos del pueblo.

El pueblo, enojado con el gobierno, se desquitó con el pueblo. El bueno del pueblo se encabrona con el malo del gobierno, y sale a las calles a chingarse al pueblo. No es la primera vez en nuestra historia que ocurre algo similar.

De hecho, la primera vez ocurrió en la primera elección democrática del país, en 1829. Primera elección que nos trajo al primer candidato derrotado que no aceptó su fracaso, levantó al bueno del pueblo en armas y dio el primer golpe de Estado de nuestra historia.

En 1821 Iturbide obtuvo la independencia y fue aclamado por el pueblo; en 1822 fue vitoreado como emperador por el pueblo, y en 1823 fue derrocado por Guadalupe Victoria y Santa Anna, con apoyo del pueblo.

En 1824 se reunió el primer congreso republicano que eligió a Guadalupe Victoria como primer presidente de México; fue el único que terminó su mandato en los siguientes treinta años. Muy mal hemos usado nuestra libertad desde entonces.

Para la elección de 1828 había varios candidatos, dos de ellos muy valientes y antiguos insurgentes, pero casi analfabetas: Vicente Guerrero y Nicolás Bravo; ambos, títeres del primer embajador norteamericano, Joel Robert Poinsett. Ante este panorama, donde sin importar quién ganara quedaría bajo la influencia de Estados Unidos, Victoria colocó a otro candidato, su ministro de Guerra, Manuel Gómez Pedraza.

La elección se llevó a cabo. Gómez Pedraza ganó, Guerrero desconoció el resultado, y aunque Victoria lo invitó a aceptar la decisión y mantener la paz, el antiguo insurgente, con apoyo del militar José María Lobato y el respaldo del embajador gringo, desconoció los resultados y comenzó a buscar el poder por la vía de las armas.

La multitud, el pueblo bueno, salió a las calles a protestar, sin saber muy bien por qué, y ya entrados en gastos saquearon los comercios del Zócalo y el cercano mercado del Parián. El grito de guerra, el lema legitimador, el cántico heroico del bueno del pueblo, entregado al saqueo era: "Viva Guerrero, viva Lobato, y viva más lo que arrebato".

Dos décadas atrás, el bueno del pueblo que seguía a Hidalgo había cometido desmanes peores: la toma de Guanajuato fue una masacre a sangre fría y una rapiña desenfrenada, y la toma de Celaya y Salamanca lo mismo: entrar a las casas de cada habitante a sacar cualquier cosa de valor y apropiársela, todo por la independencia. El bueno del pueblo saqueó todo en su camino a la Ciudad de México.

Así como el gasolinazo de 2017 le permitió a parte del pueblo bueno conseguir sus regalos de reyes, el levantamiento de Guerrero, conocido como Motín de la Acordada, otorgó al pueblo la posibilidad de abastecerse para navidad y año nuevo. Los disturbios y saqueos continuaron en diciembre de 1828, hasta que el 12 de enero de 1829 el Congreso declaró presidente a Vicente Guerrero.

El antiguo insurgente tomó el poder en abril y fue despojado de él en diciembre de ese año por su vicepresidente, Anastasio Bustamante, quien lo persiguió hasta atraparlo y fusilarlo por traición a la patria. Así, acusados de traición a la patria, murieron fusilados los dos hombres que, con sus claroscuros, obtuvieron la independencia: Agustín de Iturbide y Vicente Guerrero.

En 1838 Francia invadió México en la llamada Guerra de los Pasteles, Santa Anna tomó su ejército y fue a Veracruz a atacar al enemigo; en el combate perdió su pierna, el bueno del pueblo se la robó. México fue derrotado, y el pueblo bueno del puerto se entregó al saqueo.

En 1847 nos invadieron los norteamericanos. A principios de septiembre, cuando se dieron las batallas de Molino del Rey y de Chapultepec, el bueno del pueblo comenzó con el saqueo de comercios.

En 1855 Santa Anna estaba en el poder por undécima y última vez, en calidad de dictador perpetuo y vitalicio, cuando una revolución nacida en el puerto de Acapulco, encabezada por Juan Álvarez e Ignacio Comonfort, y a la que se unió Benito Juárez, desconoció a Santa Anna.

Las tropas de la Revolución de Ayutla marcharon hacia la capital. Cuando estaban en Cuernavaca nombraron presidente provisional a Juan Álvarez; Santa Anna huyó de la ciudad y el país, y el bueno del pueblo se entregó al saqueo.

En 1910 Francisco Madero invitó al pueblo a levantarse en armas contra Porfirio Díaz. Comenzó una guerra civil de veinte años a la que llamamos revolución.

En mayo de 1911 Pascual Orozco y Pancho Villa comenzaron la guerra contra el régimen tomando Ciudad Juárez. El pueblo se entregó al saqueo de comercios y la rapiña se extendió por varias ciudades. Comenzaron así dos décadas donde el bueno del pueblo saqueó y mató, al por mayor, al pueblo.

Como en 2017 y como en 1828, el bueno del pueblo se encabrona con el cabrón del gobierno y se entrega al saqueo, a desquitarse con el pueblo. El pueblo mexicano, eternamente frustrado —pues tras dos siglos de independencia no ha logrado ser libre— y dividido para poder ser dominado, se enfrenta a sí mismo. La eterna historia de México.

Quien no es capaz de controlarse a sí mismo y dominar sus pasiones no es libre en absoluto, sin importar cuántas madres mentemos en nombre de la libertad.

La infelicidad mexicana

Declaramos como evidentes las siguientes verdades: que todos los seres humanos han sido creados iguales, y que todos han sido dotados de los mismos derechos inalienables: la vida, la libertad y la búsqueda de la felicidad.

Éstas son las palabras con las que nació Estados Unidos, y en las que podemos encontrar la esencia de su proyecto de nación, un proyecto emanado de la burguesía ilustrada.

Mueran los gachupines. Muera el mal gobierno. Viva Fernando VII. México nació un poco distinto. No había una idea de libertad ni un proyecto de nación ni un ideario a futuro para construir un país y una sociedad, o un proyecto para el desarrollo y bienestar de los habitantes de la nueva patria.

Lo que hubo fue rabia. Hubo enojo y frustración. Hubo conflicto... sed de venganza. Hubo egoísmo y necesidades personales.

Siempre se nos ha contado que detrás de la independencia estuvieron las disputas entre los criollos y los españoles o gachupines. Miguel Hidalgo tenía muchos conflictos con los españoles. Primero le quitaron sus tres haciendas. Pudo ser porque no pagó las hipotecas y los impuestos, pero él prefirió asumir que fue por ser criollo.

También lo expulsaron de la rectoría del Colegio de San Nicolás; pudo ser porque tenía líos de faldas y de dineros, pero prefirió asumir que fue por criollo. Lo expulsaron de la parroquia de San Felipe; pudo ser porque, a pesar de ser el párroco, era amante de una actriz, pero él prefirió asumir que fue por ser criollo. Es el perfecto padre de la patria, nunca es responsable de sus propias desgracias.

Por eso, un día el cura Hidalgo se despertó harto de los abusos, aunque él era parte de la clase abusadora, no de la abusada; cansado de la desigualdad, aunque él era de los que se beneficiaba de dicha desigualdad, de los de arriba y no de los de abajo. Hastiado de todo, comenzó una guerra y desató una carnicería, con mucho encono, con rabia y con deleite ante la muerte de inocentes.

Después de arengar al pueblo en Dolores, entró a las casas de los ricos, en ésa y en las demás ciudades, y arrojaba las riquezas por los balcones mientras le gritaba a su turba iracunda: "Tomen, hijos, que todo es suyo, tomen lo que les han robado". Poco ha cambiado la mentalidad mexicana en doscientos años de supuesta independencia.

Saqueó ciudades, mató personas, se proclamó Alteza Serenísima y fue derrotado apenas a los cuatro meses de iniciar su guerra. Para ese momento ya iba en calidad de prisionero del resto de los insurgentes, que se traicionaron unos a otros.

Ninguno de ellos buscaba la libertad y ninguno estaba capacitado para hacer algo con ella si acaso la hubiese obtenido, pues todo proyecto surgido de la rabia está condenado al fracaso y toda patria sin proyecto está condenada a vagar sin rumbo por la historia. No puede ser libre ni hacerse cargo de su libertad quien no se domina a sí mismo. De ahí sólo puede surgir libertinaje. Desenfreno.

Los movimientos de Hidalgo y de Morelos fracasaron, así como los intentos de López Rayón y los de Servando Mier, los de Vicente Guerrero y Guadalupe Victoria. Renunciando a la guerra y a través de la negociación, Agustín de Iturbide obtuvo la independencia; nos dio patria, libertad, bandera, y hasta el nombre del país... Pero dentro de nuestra terrible narrativa, resulta ser uno de los malos.

Agustín de Iturbide nos dijo a todos los mexicanos: "Ya conocen el modo de ser libres. Ahora les toca descubrir el modo de ser felices".

Y es que la felicidad es la base de los movimientos liberales del siglo XIX. Ser libre para ser feliz, lo cual sólo se logra desarrollando al máximo las propias potencialidades y talentos, lo cual sólo se consigue en un entorno de libertad.

¿Somos felices los mexicanos? Nos gusta contarnos historias de que somos el pueblo más feliz del mundo, según encuestas en internet. Esas mismas encuestas imaginarias, que dicen que tenemos la bandera más hermosa y el himno más bonito después de la Marsellesa.

Somos libres, según decimos, desde el 16 de septiembre de 1810; en realidad, desde el 27 de septiembre de 1821. Libres como país separado de España, pero ¿libres como individuos? ¿Dueños de nosotros mismos para poder ser felices?

No hay mayor locura que no saber feliz, y ésa es la triste historia de México. Gritamos mucho y mentamos madres, hacemos fiestas y tronamos cuetes; pero si fuésemos tan felices como decimos, no seríamos el pueblo tan violento que somos. Si tuviésemos el pasado glorioso que imaginamos y los héroes tan perfectos que veneramos, no tendríamos este presente.

Gritamos vivas a la libertad cuando somos esclavos de nosotros mismos en lo más profundo de nuestra mente.

Así, con ese libertinaje al que llamamos libertad, mientras en Europa y Norteamérica se construyó la democracia de libertades, aquí, llamándole democracia, optamos por el populismo dictatorial.

No creemos en la democracia ilustrada, en la que se construye una sociedad de conocimiento y educación. Aquí optamos por la dictadura de la masa, en la que aquel que sepa encender los ánimos de la multitud iracunda y desesperanzada podrá imponer su versión de la realidad por encima de la ley, de la lógica, de la ciencia y hasta de la dignidad.

Cada 15 de septiembre gritamos vivas frustradas a una libertad en la que no creemos, y que evidentemente no tenemos. Le mentamos la madre al español en español, rechazamos el legado europeo, aunque no sepamos nada del americano. Repudiamos el virreinato, pero amamos los pueblos mágicos; odiamos al PRI, pero celebramos la revolución; queremos democracia, pero no otras ideas; reclamamos a los expresidentes que nos dejaran en la miseria, mientras aplaudimos al presidente que declara que nos quiere hundir voluntariamente en la miseria, pobreza franciscana para todos, porque así le gusta a él.

No hemos construido un México digno. Eso, que es muy indigno, en el fondo nos molesta, nos carcome las entrañas. El fracaso de México grita al viento el fracaso de todos. México es lo que somos. Ese México indigno provoca en unos mucho malestar y mucho dolor, y en otros, mucho rencor; en otros más, mucho miedo. Nadie puede vivir plenamente como individuo en esto que hemos construido. Eso es culpa nuestra. Como niño inmaduro señalamos a otro, quien sea y en el momento histórico que sea necesario.

El mito del esplendoroso México prehispánico y la terrible conquista está construido para justificar, no para salir adelante; para someter y no para hacer libre; para encabronar y no para vivir en plenitud. Mientras nos contemos esa historia estamos destinados al fracaso, básicamente porque no creemos merecer más. Por añadidura, no lo merecemos.

Ése es el actual discurso. Durante seis años, cada mañana el presidente nos dijo que no merecemos más que pobreza y miseria, cosas mal hechas, incompetencia, y que no debemos atrevernos a aspirar a más. No merecemos más; como mexicano, nos alcanza para muy poquito. La grandeza no es lo nuestro. Y millones de mexicanos lo asumen como verdad.

¿Para qué queremos entonces la libertad?

Incapaces de usar nuestra libertad para construir el futuro, inventamos un pasado mítico que asumimos como nuestro paraíso perdido, robado, arrebatado; e incapaces de asumir la responsabilidad sobre nosotros mismos, nos inventamos un demonio, un diabólico conquistador que se roba el pasado y, junto con él, el presente y el futuro.

La culpa es de Cortés y la Malinche. Papá y mamá tienen la culpa… y el mundo, las circunstancias, la globalización y el neoliberalismo; los árbitros y los jueces; los extranjeros y, por encima de todo, el pasado. Yo no soy el responsable de lo que me pasa a mí. No es para eso para lo que quiero la libertad.

Como no nos gusta la realidad, la evadimos en nuestras fantasías sobre el pasado y damos rienda suelta a nuestras más negativas emociones, lanzar culpas y encontrar culpables; escondernos en la conquista de México o en el sufrimiento de la infancia para no superar nunca la actual decadencia, personal o colectiva.

Yo te lo juro que yo no fui. Fueron los malditos españoles… o los gringos, Mejía Barón, Porfirio Díaz, Santa Anna, la Malinche, el chupacabras, la energía eólica, los gigantes en las montañas que roban el aire de las comunidades, un complot mundial ultraderechista orquestado desde las sombras por Felipe Calderón…, ¡cualquiera menos yo! Yo soy una víctima y no aceptaré ninguna versión que me quite ese privilegio.

¿Para qué queremos entonces la libertad?

La autodestrucción de México

El mural de Diego Rivera en la escalinata central del Palacio Nacional, al que antes se podía entrar, representa la visión del muralista sobre la historia de México.

Lamentablemente, es la visión que el sistema educativo mexicano inoculó en la mente de todos los mexicanos.

Todos en ese mural se están peleando, no hay un solo rincón de la obra donde no haya conflicto. No hay paz en ningún lugar de la mente y la historia mexicana a causa de la versión que desde el poder se convirtió en verdad. Una versión que nos somete en lo más profundo de nuestra mente.

¿Por qué confundimos libertad con libertinaje?

La libertad implica asumir la responsabilidad sobre todos los aspectos de nuestra vida. La responsabilidad y las consecuencias de los actos. El libertinaje es desenfreno, es inmadurez absoluta, es egoísmo. Es agresividad y falta de respeto absoluto por el otro.

Somos la historia que nos contamos de nosotros mismos, y nos relatamos una historia con una narrativa posrevolucionaria marxista basada en el conflicto. El sistema educativo de los gobiernos emanados de la revolución, desde el PRI hasta Morena, nos construyó un pasado basado en el mito de una conquista, una invasión, un despojo y un saqueo, porque encaja perfectamente con la visión de explotadores y explotados.

Obrero contra capitalista, indio contra español, pueblo contra burgués... y el partido en el gobierno como salvador del pueblo, garante de los supuestos ideales de una supuesta revolución.

Y es la visión del mundo de la revolución la que nos hace libertinos. Es la visión de los vencidos donde el mundo me lo debe todo, el conquistado que necesita ser reivindicado, la narrativa del justiciero y el vengador, el presidente como el paladín del pueblo... y el pueblo todo tiene justificado porque busca justicia histórica.

Toda nuestra narrativa está basada en el conflicto, pero como está contada con rabia, enojo y frustración, no puede superar el conflicto sino hacerlo eterno, honrarlo. Incapaces de usar nuestra libertad para construir, optamos por la destrucción. Toda nuestra versión de la historia glorifica la destrucción. Libertinaje total.

Cuauhtémoc optó por un suicidio colectivo que casi logra. Esa actitud nos parece heroica, laudable: antes morir con todo mi pueblo que aceptar la derrota. Cortés dialogó y llegó a acuerdos con los pueblos del centro de Mesoamérica y, aliados, derrotaron la tiranía mexica. De esos dos uno es gran héroe y otro es gran villano.

En tiempos de Agustín de Iturbide, la Nueva España llevaba diez años de guerra. La antigua insurgencia casi había desaparecido hasta convertirse en bandoleros de la sierra, y España comenzaba a organizarse tras las guerras napoleónicas para poner orden en sus provincias americanas. Iturbide escribió cartas, buscó el diálogo, unió fuerzas, negoció acuerdos. Su arma más poderosa era una imprenta. Terminó con la guerra, recibió el mando y nos dio la independencia. Y el nombre. Y la bandera. Es traidor.

Miguel Hidalgo acopió armas que distribuyó entre un pueblo iracundo al que él enojó más con sus discursos, permitió el saqueo para tener seguidores, usó indígenas como carne de cañón, ejecutó inocentes por placer y usó a españoles como toros de lidia hasta matarlos. Destruyó e incendió ciudades, se autoproclamó Alteza Serenísima, dividió a los insurgentes, terminó arrestado por ellos mismos y fue derrotado a los cuatro meses de su levantamiento. No construyó nada, un sueño a futuro, una visión y un camino, alguna institución perdurable. Es el Padre de la Patria.

Porfirio Díaz construyó el México de la Revolución industrial y creó la infraestructura de un país moderno. Estuvo en el bando liberal en la Guerra de Reforma; derrotó a los franceses en el campo de batalla el 5 de mayo de 1862; luchó contra el imperio de Maximiliano durante el gobierno de Juárez; expulsó a las tropas imperiales de Puebla en abril de 1867, y le entregó la Ciudad de México al presidente en junio de ese año.

Gobernó México entre 1876 y 1910. Construyó barcos y puertos, trenes y vías férreas, teléfonos y telégrafos, hidroeléctricas y siderúrgicas, caminos y puentes, cines y alumbrado público, industria y agricultura, bancos y crédito, tratados internacionales y comercio, relaciones diplomáticas y respeto. Hubo escuelas, universidad, biblioteca, orquestas, teatro, tiendas, deportes y entretenimiento.

Es malo, es villano, es traidor.

Madero comenzó la guerra que generó treinta años de matanza que destruyeron todo ese progreso. Llamó a una revolución, emplazó a las armas a un pueblo de madrazo fácil. Soltó al tigre. Convocó a revolucionarios profesionales y guerrilleros y no pudo controlar a nadie. Es héroe.

Villa era un cuatrero, es decir, ladrón de ganado. A veces actuaba relativamente como gente de bien, pero las reglas nunca fueron lo suyo; por lo que a veces era gente de mal.

Cuando se unió a Madero era buscado por cuatro asesinatos; el primero fue el patrón de la hacienda en la que trabajaba, cuando intentó violar a su hermana. Los demás tuvieron mucho que ver con ser buscado por el primero.

Después de conocer a Madero, mató a mucha más gente, por miles, inocentes muchos de ellos. Muchos a quemarropa, a muchos por placer. Es héroe.

Villa y Zapata dejaron personajes fabulosos para atribuirles ideales y usarlos como símbolo en la actualidad. Ideas de izquierda, de esas que, en todos los tiempos y países, son vistas con un aro de sacralidad, considerando que su moralidad y superioridad intrínseca justifican toda revolución, violencia y destrucción; se vale matar, porque las ideas son buenas. El cáncer de México. Las ideas justifican la violencia.

Una historia de locura o conflicto que justifica nuestro libertinaje. Cuauhtémoc convocó a un suicidio colectivo. Hidalgo promovió el saqueo con el rencor social como acicate. Juárez tuvo al país en guerra diez de los quince años que gobernó. Madero destruyó el progreso obtenido hasta ese momento de nuestra historia. Villa y Zapata arruinaron todo a su paso. Todos son héroes.

Hernán Cortés fue un triunfador que, cuando nada se esperaba de él, fue considerado como uno de los hombres más ricos y exitosos del Caribe; arriesgó todo por su sueño, ese que se convirtió en México. Unió a todos los pueblos de Mesoamérica y venció a los aztecas. Iturbide fue un triunfador que convirtió el virreinato de Nueva España en el México que somos. Don Porfirio fue un triunfador en toda la extensión de la palabra, ganó sus batallas, restauró la República, reconstruyó a México desde las cenizas. Todos son villanos.

No importan las personas reales y lo que hayan o no logrado; importan las narrativas que construimos con los personajes ficticios que hicimos con base en las personas reales. Creamos una narrativa donde todos los que han destruido son los buenos y los que han edificado son los malos y traidores; una historia donde los que pierden son héroes y los que ganan son villanos.

Eso nos transmitimos de generación en generación y eso inoculamos en las mentes de los hijos de México. Destruir, de alguna manera extraña, cuando se relaciona con ideologías de izquierda, es bueno. Construir es malo. Ganar, superar obstáculos, lograr objetivos te hace traidor. Perder, ser derrotado más allá de la titánica batalla, es heroico. Por eso a "treinta millones" les resulta lógico que tener sueños y aspiraciones sea vergonzoso y terrible.

Todo revolucionario te necesita frustrado y enojado, nunca feliz. Eso cuestiona mucho el sentido mismo de las revoluciones. Pero al final lo único que el revolucionario quiere es poder, no importa si él se ha convencido a sí mismo de su narrativa del pueblo, la nación, la libertad o la causa..., lo que quiere un revolucionario es poder.

Por eso hace revoluciones, por eso está dispuesto a sacrificar a otros y a lanzar a otros al ruedo, bélico o político. Para eso te necesita enojado; para tomar el poder primero y para mantenerlo después.

Al héroe y al villano los determina una narrativa, a ellos y a todos los personajes, los arquetipos, buenos y malos, eventos destacables, símbolos y significados. Con improntas ideológicas. Dicha narrativa se construye desde el poder, siempre con objetivos políticos e ideologías como guía. Las ideologías, como cualquier religión de masas, necesitan justo eso: masas y no individuos, porque su esencia es el sometimiento. No hay libre pensamiento en los regímenes ideológicos, y no hay humanidad sin libertad de pensamiento.

10

EL FUTURO DE LA LIBERTAD

*La historia de la libertad es la lucha
por limitar el poder del gobierno.*
Woodrow Wilson

Muro de Berlín, 9 de noviembre de 1989

Es tan escasa la consciencia histórica que es posible que los regímenes dictatoriales del pasado regresen disfrazados de libertadores, que las antiguas propuestas fallidas y opresoras encuentren nuevos oídos que las escuchen y nuevos ecos que las repliquen.

La juventud del siglo XXI emplea con demasiada facilidad etiquetas como dictadura y fascismo. No tienen idea de lo que hablan. Afortunadamente no saben lo que es un régimen radical de izquierda o de derecha. No lo saben gracias a la generación de sus abuelos, los que sí lucharon contra las grandes tiranías para legar a la posteridad este mundo.

Hay injusticias que corregir y retos sociales que alcanzar en este mundo, pero no necesitamos revoluciones sociales, violentas y destructoras, concebidas por mentes que no buscan nada revolucionario que no sea tomar el poder.

Tampoco saben lo que es el fascismo; por eso señalan con esa etiqueta a los que aprecian la libertad, el trabajo y el mérito; mientras entregan cuerpo, alma y patria a las ideologías fascistas que siguen y que los someten con falsos discursos de libertad.

El comunismo fue propuesto en el siglo XIX; fue impuesto a sangre y fuego en el siglo XX con violencia, tal y como su doctrina dice que debe ser, y no había terminado la centuria cuando ya había demostrado su fracaso. Generó muerte, miseria y destrucción por donde pasó.

El comunismo fracasó, pero siempre regresa con nuevos disfraces seductores: igualdad, progresismo, colectivismo, Revolución bolivariana, Cuarta Transformación... El comunismo no es congruente ni sincero; siempre vuelve con distintas máscaras, con otros pretextos, con nuevos odios y conflictos.

El futuro de la libertad depende de la consciencia; eso es lo que buscan arrebatarte los populistas después de tu capacidad productiva e intelectual.

El muro de Berlín ya tenía muchas grietas cuando cayó el 9 de noviembre de 1989. En abril comenzaron huelgas masivas en Polonia, patrocinadas por el sindicato Solidaridad, de Lech Walesa. En mayo hubo disturbios en Hungría que obligaron a que se abriera la frontera con Austria. Protestas en Checoslovaquia obtuvieron lo mismo.

Con las fronteras de la Hungría y Checoslovaquia comunistas abiertas a Austria y Alemania Occidental, el muro de Berlín y la temible línea divisoria militarizada entre las dos Alemanias carecían de sentido. ¡Este muro existirá cien años más!, dijo Erich Honecker, presidente de la Alemania comunista, pocos meses antes de que cayera.

Pero la Unión Soviética estaba también desmoronándose. Gorbachov no tenía ningún control sobre Moscú, y Moscú ya no tenía control sobre el bloque comunista.

Ya no había tropas rusas en Berlín, comenzaron las protestas, Erich Honecker renunció y, en medio del caos informativo del gobierno provisional, el pueblo berlinés comenzó a escalar el muro que llevaba veintiocho años dividiendo familias y amigos, separados por las ideologías de los líderes, justo como hoy.

Muro de Berlín, 13 de agosto de 1961

El 13 de agosto de 1961 la población de Berlín despertó para descubrir que había una alambrada partiendo la ciudad en dos, junto con patrullas militares que rodeaban la parte occidental de Berlín, el democrático y libre. Miles de familias quedaron divididas y no se pudieron volver a ver en veintiocho años. Eso es el comunismo real.

Cinco millones de personas habían huido del bloque comunista a través de Berlín entre 1949 y 1961. A partir de 1961, el gobierno de la Alemania comunista dedicó cantidades absurdas de recursos para hacer el muro más alto, más impenetrable, más mortífero, con más cámaras y más francotiradores listos para tirar a matar. Jamás pensó en usar esos mismos recursos con el fin de generar las condiciones propicias para que la gente no tuviera que huir y el muro fuera innecesario. Eso es el comunismo.

El proyecto comunista evidenció su fracaso desde el principio. Nunca antes del comunismo, y nunca después, han existido proyectos sociales que tengan la necesidad de convertir sus países en prisiones masivas para sus propios ciudadanos.

Huir del comunismo

La gente huye del comunismo, siempre ha sido así. Lo que nunca ha ocurrido es que trabajadores desesperados salgan huyendo de la prisión de la democracia capitalista en busca del paraíso socialista.

Nunca los brillantes y profundos ideólogos izquierdistas, socialistas y comunistas de países democráticos y libres han optado por vivir de acuerdo con sus principios. Cuba, Venezuela o Nicaragua han dictado cómo deben vivir, según ellos, todos los demás. Con el pretexto de estar haciendo la revolución, sus gobernantes viven de los beneficios de las democracias capitalistas y liberales.

De la democracia no es necesario huir. Uno puede irse. Sólo los sistemas comunistas han tenido que encerrar a su población, con prohibición absoluta de salir, so pena de muerte. Es la historia de todos los países comunistas. Es el comunismo real.

Ningún dictador de otro tipo, ningún monarca con poder absoluto, ningún emperador romano desquiciado, ningún zar tuvo siquiera la insólita idea de encerrar a todo su pueblo. Ni la idea ni el poder para lograrlo.

¿Por qué huyen las personas del comunismo? Hay cosas que siempre vale la pena repetir y recordar. El Imperio ruso cayó en 1917 y, tras cinco años de guerra, sobre sus escombros se fundó, en 1922, la Unión de Repúblicas Socialistas Soviéticas, la URSS.

El Partido Comunista impuso préstamos forzosos y confiscó todos los bienes de los ciudadanos que fueran considerados enemigos del pueblo, de la causa o del partido, traidores o contrarrevolucionarios. Es decir, que = despojó de su propiedad a los que no pensaban como exigía el partido.

Se procedió a expropiar todo medio de producción, todo lo que sirviera para generar riqueza. Nadie volvía a tener derecho de producir riqueza por su cuenta y para sí mismo. Todo era para el partido.

Se establecieron trabajos forzados y campos de concentración, dobles jornadas y racionamiento de alimentos.

Los campesinos que se rebelaron para recuperar sus tierras fueron fusilados. Se prohibieron las huelgas con pena de muerte y los trabajadores comenzaron a migrar de la ciudad al campo y buscar alimento; porque el partido, dueño y administrador de todo, no pagaba o lo hacía con bienes y servicios. Como un feudo sublimado.

Hacia 1921 Lenin estableció formalmente lo que él mismo denominó capitalismo de Estado. Eso termina siendo siempre el comunismo.

Los campesinos se negaban a trabajar si se les arrebataba su cosecha, el sacrosanto fruto de su trabajo según el propio Marx, y entonces eran considerados traidores que iban a trabajar a campos de concentración.

En todo experimento socialista siempre ha habido hambre e inanición, que nunca afectaron a los líderes del partido. Hambrunas derivadas de la obsesión de controlar cada aspecto de la comunidad, o deliberadas y planificadas, como en China y la Unión Soviética. El gobierno comunista, con el poder de dártelo todo, tiene el poder de planear el hambre y usarla como arma.

Los planes de Lenin provocaron un hambruna de cinco millones de muertos entre 1921 y 1922. Entre 1932 y 1933, bajo el mandato de Stalin, murieron de hambre otros seis millones de seres humanos. El Gran Salto Delante de la China comunista dejó treinta millones de muertos por hambre entre 1958 y 1961. En la Etiopía comunista la hambruna de 1983 a 1985 dejó un millón de muertos, y en Camboya murieron de hambre dos millones de personas entre 1975 y 1979.

En la Unión Soviética, el camarada Stalin cerró las fronteras y los ciudadanos, ahora nuevamente súbditos, perdieron el derecho a viajar. Pasó en las quince repúblicas de la URSS y en todos los países del bloque socialista de Europa del Este. Por eso la gente salió corriendo hacia Occidente cuando cayó el muro de Berlín.

Pasó en la Unión Soviética y sus países sometidos. Pasó en China, Vietnam, Laos y Camboya. Sigue pasando en Corea del Norte, la comunista. Prohibido salir del país. El comunismo real siempre ha sido una cárcel.

Pasó y pasa en Cuba, la prisión más grande del mundo, donde toda la población trabaja para un partido corrupto y tiránico que posee toda la isla, explota sus riquezas con mano de obra semiesclava de su propia gente para venderla en los odiados mercados extranjeros.

Eso es comunismo. Prohibido salir. Prohibido viajar. Prohibido pensar. Prohibido cuestionar. Prohibido aspirar a una mejor vida que la que está dispuesto a darte el partido. Los pueblos de Europa del Este terminaron de hartase en 1989.

Cuanto más poder tenga el gobierno, más podrá limitar las libertades y derechos del individuo.

El comunismo ha tenido un solo logro real en toda su historia: reemplazar la clase privilegiada y comportarse exactamente igual que ella, con un poco más de rencor y sed de venganza. Lo anterior es una realidad histórica que pasó en Rusia, en China y en Corea del Norte, en Laos, Camboya, Vietnam y en Cuba... y sigue ocurriendo en Venezuela, Bolivia, Nicaragua, y en todo aquel país que no despierte de la pesadilla bolivariana.

Hoy, más que nunca, los dictadores usan la amnesia y la falsificación como arma. Por eso te invito a recordar la historia y vislumbrar el futuro de la libertad.

Los últimos quinientos años han sido la historia de la libertad económica y política, como base de la libertad intelectual y mental, fundamento de la libertad individual, esencial para lograr lo único importante en la existencia humana: plenitud y felicidad.

En el siglo xv, Europa salió de la devastación de la peste negra y comenzó a reinventarse. El espíritu del siglo fue la exploración, y la riqueza que generó comenzó a cambiarlo todo socialmente.

El siglo xvi se caracterizó por la ruptura religiosa en Europa, que es el origen de los Estados modernos, y la ciencia fue el espíritu del siglo xvii.

Así llegamos al siglo XVIII, cuyo espíritu fue la luz de la razón. Fue conocido como la Era de las Luces, la Ilustración. Contrario a casi cualquier época anterior, el ánimo general era de confianza en la humanidad y en el futuro. Se empezó a hablar de democracia, división y limitación de poderes, libertad.

Desde la reforma protestante, pasando por la Revolución Científica y hasta llegar a la Ilustración, el gran protagonista de la historia fue la imprenta, que generó un mercado de lecturas y lectores, que es en realidad un mercado de ideas libres, pues no depende del poder. Ésa es la esencia más profunda de la democracia: el ideal de una sociedad donde cada individuo puede generar riqueza y conocimiento de manera independiente al poder.

El desarrollo de la burguesía es una gran revolución en sí misma. La burguesía se arriesga, innova, se lanza a la aventura, circunnavega el globo, hace ciencia y crea tecnología, escribe y publica libros, busca nuevas rutas y productos, inventa desde la imprenta hasta los medios de comunicación y descubre desde la termodinámica hasta la relatividad. Crea riqueza, cultura, filosofía, conocimiento.

El comunismo plantea arrebatar al burgués la fuente de la riqueza, que son los medios de producción, y entregarlos a un Estado social que deberá administrarlos por todos, con lo que sólo crea diferentes arriba y abajo. Nuevos explotadores que explotan al pueblo en nombre del pueblo.

Pero hay dos factores, y no uno, con los que el burgués genera riqueza: los medios de producción, que se pueden arrebatar, y el conocimiento, el talento, la creatividad y la ciencia, que no.

Es más sencillo enseñar al proletario a ser burgués, se logra con verdadera educación. Pero el populista, el socialista y el comunista buscan sometimiento, abnegación, servilismo.

Alguna vez nos dijo Victor Hugo que lo que mueve al mundo no son las máquinas, sino las ideas; y nunca una clase social había aportado tantas ideas como la burguesía.

Hoy al burgués promedio se le llama clase media. Son las mujeres y hombres que estudian y se preparan, que conciben y mueven los negocios, empresas y corporativos, que buscan trabajos y persiguen sueldos. Algunos son empleados, otros son empleadores, y muchos son las dos cosas. Su vida es más cercana a la del obrero, pero sus aspiraciones se acercan más a las del empresario.

Aspiraciones. Eso es la esencia de la clase media. Aspira a saber más, a leer más, a viajar más, a mejorar su vida. Sueño, estudio y trabajo. Esos son los tres elementos con los que la clase media mueve el mundo y con los que sale adelante cualquier país. Son tres cosas que los socialistas siempre te quieren arrebatar.

No tengas sueños, eso es de malvados. No estudies, eso es de fascistas. No trabajes, eso te hace burgués. No generes conocimiento y riqueza, eso te liberaría de mi tiranía.

Comunismo y fascismo coartan las libertades, y en su intento por organizar a la sociedad aniquilan su creatividad; en ambos casos, se intenta controlar el mercado, lo cual termina siendo imposible e improductivo. Intercambiar es la esencia humana, como dijo Gorbachov, último líder del comunismo soviético; el mercado no es un invento del capitalismo, es un invento de la civilización.

En el siglo XXI la libertad de la democracia se enfrenta a una gran paradoja: es un sistema político libre, donde puedes votar por la opción que propone acabar con la democracia o dejar de votar.

Una elección en la que ganen los comunistas será siempre la última elección libre. Desde Marx, siempre se ha planteado que la democracia es una farsa, un invento de los poderosos para someter al pueblo; por eso debe ser reemplazada por el gobierno central de un partido comunista que controla a los individuos y a la sociedad.

El comunismo daba miedo. Quizás porque en el fondo se parece mucho a las monarquías abandonadas; un poder unipersonal y absoluto que no puede ser cuestionando so pena de muerte.

O tal vez, y ahí está el verdadero fondo, es un sistema diseñado para garantizar que la nueva elite en el poder se quede ahí para siempre, sin la menor posibilidad de transformación y sin respetar la pluralidad de la mente humana. El comunismo se parece mucho a la monarquía.

Entre 1945 y 1949 la Unión Soviética exportó la revolución a toda la Europa del Este y formó un bloque comunista bajo el poder de Moscú. Entre 1947 y 1949 la revolución se exportó a China, donde generó el triunfo de Mao; a Vietnam, donde empoderó a Ho Chi Min, y a Corea donde llevó al poder a Kim Il Sung, origen de la actual dinastía.

En 1953 la Unión Soviética y sus países sometidos crearon el Pacto de Varsovia, una alianza militar que surgió con el argumento de defenderse de Occidente, pero cuyas tropas sólo se utilizaron contra húngaros, polacos, checos y eslovacos cuando exigieron libertad a su propio régimen.

En 1956 polacos y húngaros se levantaron por vez primera contra el régimen comunista que se les había impuesto tras la guerra. El 28 de junio de 1956 en Poznan, Polonia, los obreros y trabajadores salieron a las calles para manifestarse y exigir a su gobierno comunista la promesa básica del comunismo: mejor calidad de vida para el proletario. Cuando una multitud de cien mil personas se reunieron en el centro de la ciudad, la respuesta fue la represión con cuatrocientos tanques y diez mil soldados.

En ese otoño, del 23 de octubre al 10 de noviembre de 1956, el pueblo húngaro también se levantó contra el gobierno comunista y las políticas de la Unión Soviética. La protesta comenzó entre estudiantes, que fueron apresados, y los soldados dispararon a la multitud que exigió su liberación. La noticia se difundió y los disturbios llegaron a Budapest. La respuesta del régimen comunista fue enviar más de treinta mil soldados y más de mil tanques.

La historia se repitió en 1968 en Praga, cuando el propio líder checoslovaco exigió a Moscú reformas liberales y un socialismo con rostro humano. Durante ocho meses, de enero a agosto de 1968, el pueblo de Checoslovaquia llegó a tener esperanzas reales de un poco de libertad; pero el movimiento reformista fue reprimido. La noche del 20 al 21 de agosto, dos mil tanques y doscientos mil soldados tomaron las calles de Praga y las ciudades más importantes.

Cada vez que un régimen comunista ataca a su propio pueblo por exigir una mejor vida, hace evidente el fracaso de su modelo, o deja muy claro que el objetivo de los comunistas ha sido siempre el poder, y nunca el pueblo.

De todos los fracasos, el más evidente fue el de Alemania y el muro de Berlín. El gobierno tomó una medida drástica que se convirtió en el símbolo de la Guerra Fría, de la opresión del comunismo y del fracaso del régimen: construir un muro que dividiera Berlín a la mitad y rodeara por completo la parte occidental de la ciudad, para que nadie pudiera llegar a esa isla de libertad y escapar de su prisión.

Casi todos los fallidos proyectos comunistas cayeron desmoronados. La mezcla de represión, ausencia de libertades, violación de derechos y todo además mezclado con hambre y crisis, hizo colapsar al mundo comunista entre 1989 y 1991.

En Alemania Oriental, Polonia, Checoslovaquia, Hungría, Bulgaria y Rumania hubo revueltas por la libertad; en algunos de esos países fueron revoluciones de terciopelo; en Rumania, el último dictador se aferró al poder hasta ser asesinado por su pueblo.

Hacia 1991 las quince repúblicas que formaban la Unión Soviética se separaron del poder de Moscú, del que tratan de mantenerse alejadas hasta hoy. El mundo comunista colapsó evidenciando su fracaso. Sobrevivió en Cuba, que ha llegado ya a condiciones infrahumanas, en Corea del Norte, que es un gigantesco campo de concentración, y en China, donde sobrevivió porque se hizo capitalismo controlado por el Estado.

La historia lo ha dejado claro en cada ocasión: el comunismo no funciona. Genera miseria, hambre, destrucción, muerte y tiranía. Eso es el comunismo real.

Cada vez que el comunismo fracasa hay una avalancha de pretextos: no era el comunismo real, tuvo enemigos externos, fue boicoteado por los poderes fácticos, cayó víctima del imperialismo... Y la más importante: no estaba al mando yo.

Izquierda y derecha

¿Qué son la izquierda y la derecha a estas alturas de la historia? Una farsa narrativa. Cada una aspira el poder, cada uno quedará al mando de una estructura política que es opresora en su esencia.

¿Quiénes son los liberales y los conservadores? ¿Quién es el revolucionario?

Stalin es producto de una revolución comunista y nada pareciera estar más a la izquierda que eso, pero mantiene un poder vertical, unipersonal y autoritario; no permite la libertad de credo, pensamiento o expresión; mantiene su postura autoritaria gracias a un ejército opresor, y desde el partido tiene un control absoluto del Estado. Fue así desde que tomó el poder en 1924 hasta que lo dejó con su muerte en 1953.

Es idéntico en cada detalle a Hitler, o a la más grotesca caricatura del peor monarca absolutista. La única diferencia entre el comunismo y los fascismos fue el discurso. Uno te oprimía en nombre del pueblo y el otro lo hacía en nombre de la patria. Los dos coincidían en el colectivismo y la anulación del individuo.

Hitler, Mussolini, Stalin: los tres se asumían como líderes de una revolución, los tres se vendían como salvadores del pueblo, los tres pasaban horas en discursos emotivos y falaces. Los tres se asumían como enemigos de la democracia liberal.

¿Qué significa esa democracia?

La democracia no puede limitarse a votar, pues termina siendo un concurso de popularidad. Democracia significa que el depositario de la soberanía es el pueblo; cada uno de sus ciudadanos libres es soberano y dueño del país. En un esquema así no hay gobernantes sino administradores; no se tiene el poder sino la responsabilidad, y no existe el país de un solo hombre.

El espíritu de la democracia es que el poder le pertenece al pueblo; por eso la democracia propone repúblicas, donde el país es de todos. Por encima del voto, lo fundamental en una democracia liberal son sus instituciones, estructuras firmes y sólidas que impidan que el poder se concentre en una persona.

Instituciones para que el poder descanse en estructuras y no en personas, en derecho y no en caprichos. División de poderes para garantizar que ninguna persona, grupo o institución abuse del poder.

Por encima del voto, la institución y la división de poderes, sigue estando el principio básico: que el pueblo, todo él, ciento por ciento de la ciudadanía, es el depositario de la soberanía. Esto implica que, aunque cada individuo renuncie a favor del Estado, éste a su vez debe garantizar los derechos fundamentales de cada individuo: pensar lo que quiera, creer en lo que elija, expresar sus ideas.

Si se entiende la democracia como la imposición de la mayoría, no sólo se sigue viviendo en medio de la violencia y un tipo de opresión, sino que cada elección sólo determinará cuál es el 49 por ciento de la población, que, aunque sea soberana, verá vulnerados sus derechos por la unión del 51 por ciento.

La democracia implica crear estructuras que permitan ejercitar al máximo las libertades individuales; y, claro, en su versión utópica, esto debe lograrse sin menoscabo del interés colectivo, dado que, sin una sociedad saludable y armónica, es imposible el pleno desarrollo del individuo.

La democracia es la más complicada de las opciones políticas del mundo moderno porque implica una construcción constante con la participación activa y consciente de todos. El mundo del siglo XXI pareciera decirnos que nos gustan las libertades, y los dictadores populistas nos ofrecen su dulce guía para evitarnos la angustia de la libertad.

Exigimos una libertad que no comprendemos y que conllevaría una responsabilidad existencial que no queremos. La tiranía, en cualquiera de sus formas, está siempre al acecho, porque hay suficientes personas a las que no les gusta la libertad. Le temen. Aspiramos a la comodidad, y elegir y vigilar no es cómodo en absoluto.

La verdadera democracia es un compromiso social de magnitudes que aún no se comprenden, y que sólo puede existir con comunidades ilustradas con un alto coeficiente de inteligencia emocional, algo que desde luego no buscan los poderosos.

Los políticos se reparten el mundo, como siempre ha sido, y lanzan a las masas a luchar sus batallas, también como siempre; desde los mejores hombres en el campo de batalla representando a su señor, pasando por los cruzados matando en nombre de Dios, hasta llegar a los seguidores de cada grupo de identidad o ideología del mundo moderno.

Nunca estás luchando por ti, siempre que peleas eres soldado de alguien. Los políticos se lo quedan todo, lo reparten todo y organizan los discursos para que los individuos se teman y señalen entre sí con las etiquetas que los hacen parecer los verdaderos culpables de todos los problemas.

La era del enojo

Vivimos la era del enojo, y los poderosos lo tienen bien encauzado. El mundo del siglo XXI está lleno de revoluciones insulsas, de las que no sirven para nada que no sea paliar la consciencia adormecida de sus seguidores.

Revoluciones en redes sociales, golpes de Estado en ciento cuarenta caracteres, causas al por mayor en el mercado de las causas, con hashtag, porque es importante alardear sobre la causa cada vez que cambias el mundo en una plataforma. Soy mejor persona que tú porque pongo colores para cada ocasión en mi perfil.

La generación de nuestros abuelos luchó contra Franco, Hitler y Stalin. La generación actual lucha contra el abecedario, contra canciones y películas. Dan batalla contra el pasado con la idea de que negarlo y esconderlo lo transforma y genera consciencia, en vez de olvido; y con el perverso engaño de que con cambiar letras a las palabras se generará equidad.

No hay nada más peligroso para los líderes que la consciencia de las masas, por eso no hay mejor sistema de control que tomar a una multitud de durmientes y hacerlos soñar con que están despiertos y salvando al mundo.

Desde luego que hay verdaderos héroes y revolucionarios, pero no sabemos nada de ellos; si sabemos de ellos, a través de medios y redes, son todo menos revolucionarios y difícilmente serán héroes.

Todas y cada una de las joyas de la humanidad están en este momento siendo profundamente humanas en algún anónimo rincón del planeta, desde las selvas africanas hasta la sala de tu casa. Ahí están los revolucionarios. Haciendo una revolución dentro de sí mismos, siendo el cambio que querrían ver en el mundo, como nos invitó Gandhi. Hay un humano tocando a otro en este preciso instante, que no te quepa duda de eso. Siempre hay alguien verdaderamente consciente y libre haciendo una verdadera revolución.

Los grandes movimientos revolucionarios son una trampa del sistema. Las revoluciones de consciencia pueden ser actos tan individuales, simples y silenciosos como permanecer sentado.

Así comenzó una revolución Rosa Parks, la mujer negra que no se levantó para ceder su asiento de autobús a un hombre blanco. Su acto de consciencia individual transformó la historia de todo un colectivo.

En diciembre de 1914, en la trinchera franco-germana, los soldados de ambos frentes enemigos detuvieron la guerra para celebrar la navidad. Por una noche, gracias a una canción, superaron sus constructos nacionalistas y fueron simplemente humanos.

Desobedecieron la orden de atacar. Algunos fueron fusilados por sus propios generales por no matar al inocente proletario de la trinchera de enfrente. Confraternizar con el enemigo era traición.

Las guerras napoleónicas terminaron cuando los individuos, que eran sus mariscales, decidieron desobedecer. El zar Nicolás les ordenó a sus soldados que disparan a la multitud inerme de las revueltas de febrero de 1917. Se negaron y cayó el imperio. El káiser ordenó a sus marineros que subieran a los barcos del puerto de Kiel en 1918 a exterminar a los británicos. Se negaron y terminaron a la par la guerra y el imperio.

Los actos de consciencia individual son el espacio donde en realidad se ejerce la libertad; por eso la consciencia y la individualidad son los principales enemigos de las dictaduras populistas. Por eso ciegan y adoctrinan con ideología, con discursos de odio y venganza que parecen ser de justicia.

En la democracia, el gobierno debe ser un gestor del conflicto, no su promotor; pero el miedo y el odio son la mejor forma de control, ya que eliminan las capacidades críticas del individuo.

No eres libre si alguien más domina tus emociones, escribe tu historia y establece tus verdades. Las masas nunca han sentido sed por la verdad. ¿Tú buscas la verdad o quieres imponer la tuya? ¿Defiendes la libertad de expresión de todos o sólo tu libertinaje?

Nada da mayor poder sobre los humanos que las mentiras porque vivimos de ideas, y éstas pueden dirigirse. ¿Cuántas de tus ideas son tuyas?

¿Quién te dice la verdad? ¿Quién establece tu narrativa histórica, tus ideologías y tu visión del mundo? ¿Quién tiene ese poder sobre ti?

La única forma en que tu existencia tenga sentido es que seas plenamente feliz. La única forma de lograrlo es que seas el narrador de tu propia historia. Para eso debes ser libre… Sólo a ti te interesa tu plenitud.

Esta obra se terminó de imprimir
en el mes de enero de 2025,
en los talleres de Grafimex Impresores S.A. de C.V.,
Ciudad de México.